NHK
プロフェッショナル
仕事の流儀

2

技をきわめるプロフェッショナル

編：NHK「プロフェッショナル」制作班

NHK プロフェッショナル 仕事の流儀 2

技をきわめるプロフェッショナル

目次

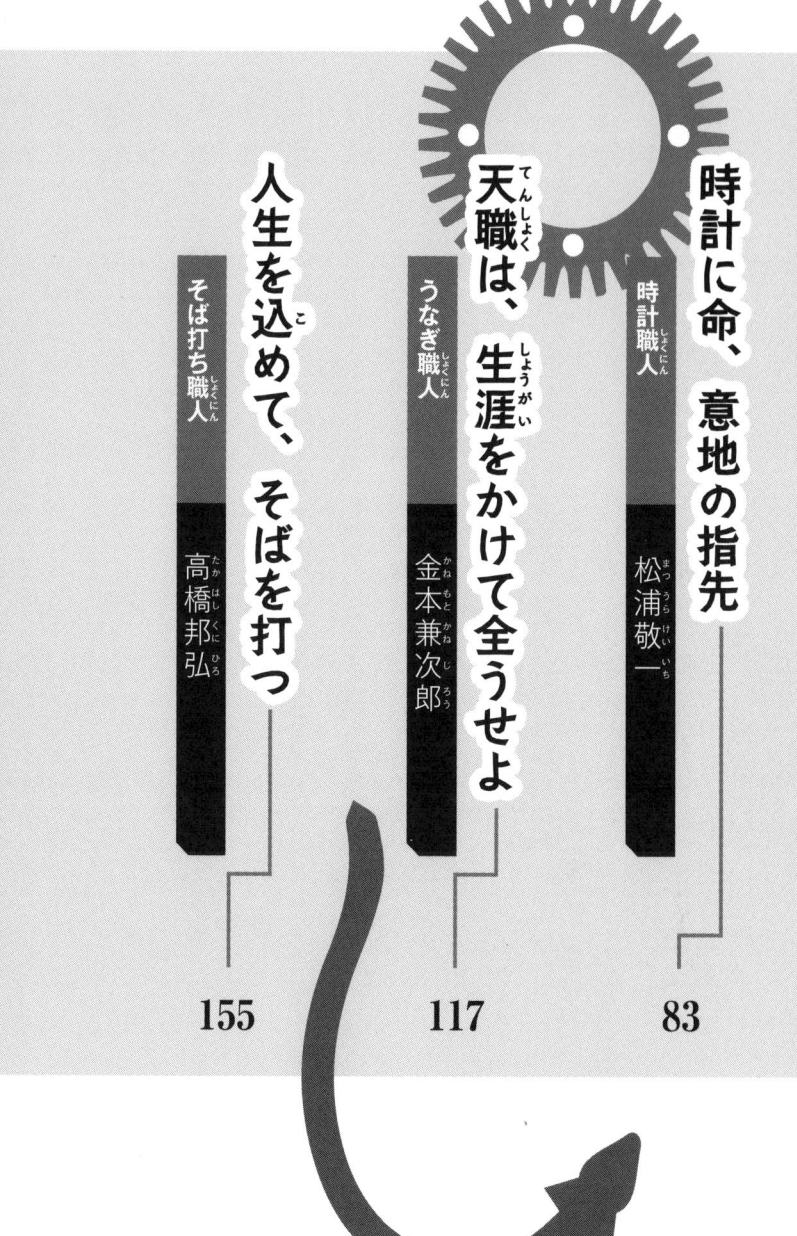

はじめに

このシリーズは、NHKで放送された番組『プロフェッショナル 仕事の流儀《りゅうぎ》』を書籍《しょせき》にまとめなおしたものです。

番組では、さまざまな分野の第一線で活躍《かつやく》しているその道のプロフェッショナルたちの「仕事」をほり下げ、プロフェッショナルたちの仕事にのぞむ姿勢《しせい》や、その生き方をつらぬく「流儀《りゅうぎ》」を紹介《しょうかい》しています。

2巻《かん》「技《わざ》をきわめるプロフェッショナル」では、自らの限界《げんかい》に挑《いど》み、技術《ぎじゅつ》をみがき上げ、人の何倍もの努力を重ねて技《わざ》をきわめた5人のプロフェッショナルたちが登場します。

プロフェッショナルたちの仕事にのぞむ姿勢《しせい》や考え方をとおして、仕事の奥深《おくぶか》さ、働くということの魅力《みりょく》、プロフェッショナルたちの生き方の流儀《りゅうぎ》を伝えられればと思います。

ストーリーの最後には、プロフェッショナルたちの格言《かくげん》をのせています。プロフェッショナルたちのことばが、これからを生きるみなさんの道しるべになることを願います。

「技《わざ》をきわめるプロフェッショナル」編集部《へんしゅうぶ》

僕《ぼく》のパンは、まだおいしくなる

パン職人《しょくにん》
竹《たけ》内《うち》久《ひさ》典《のり》

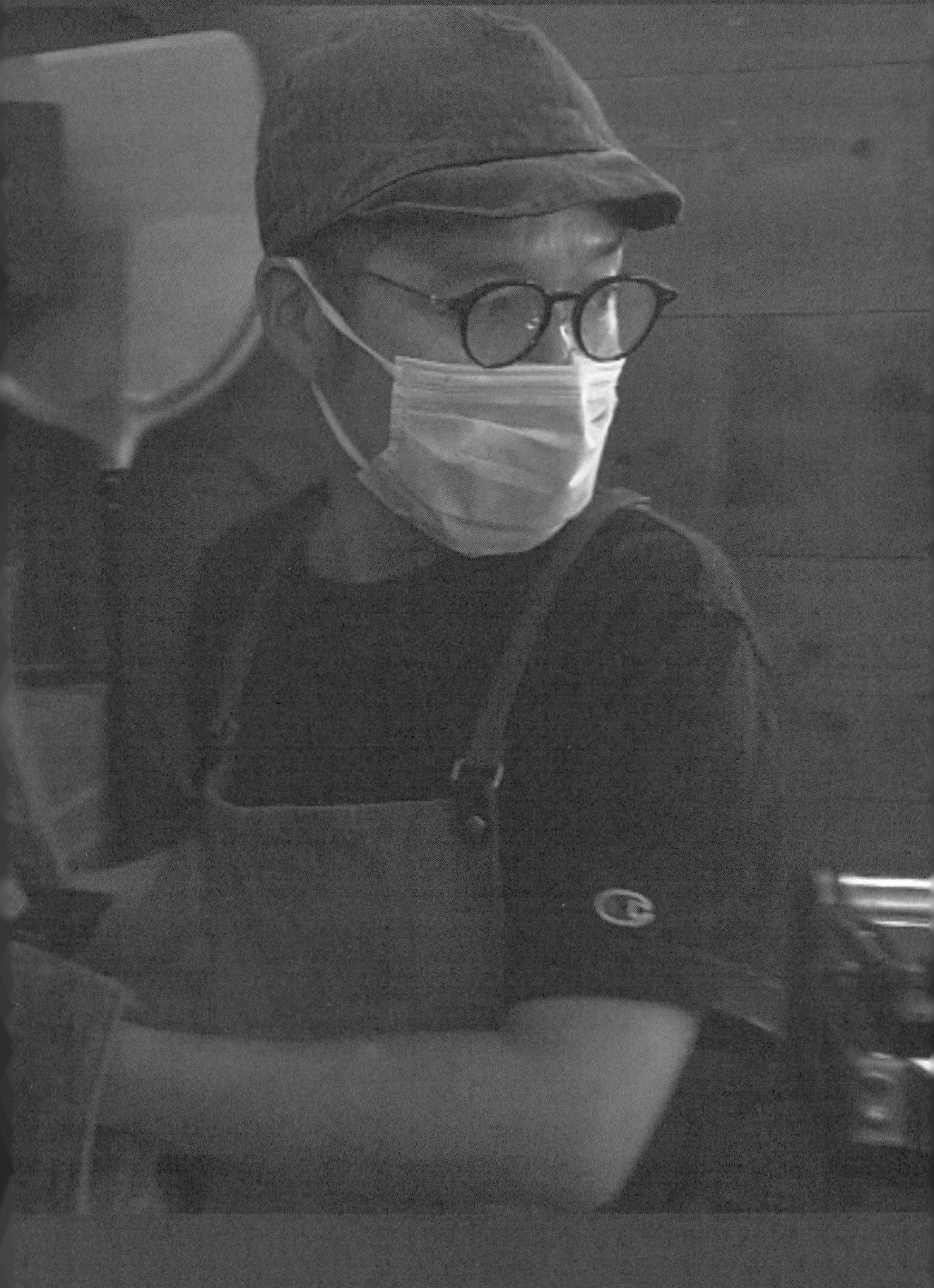

都会からはなれた山の中にある、山小屋のようなパン屋。
その店のパンを求めて、予約の電話が鳴りやまない。
パンをつくっているのは、無邪気《むじゃき》な笑顔の職人《しょくにん》。
伝統的《でんとうてき》な技法《ぎほう》にこだわらず、独自《どくじ》の製法《せいほう》で新しいパンをつくっている。
かつて、都会で行列ができるパン屋として成功したが、
人気絶頂時《ぜっちょうじ》に突然《とつぜん》その店を閉店《へいてん》した。
それから3年の沈黙《ちんもく》を破《やぶ》り、山の中で再《ふたた》びパンを焼きはじめた職人《しょくにん》。
成功の影《かげ》で悩《なや》み苦しみ、それを乗りこえてたどりついた
こだわりのパンづくり。
「まだ絶対《ぜったい》、おいしくなる」
そう信じて、日々《ひび》、挑戦《ちょうせん》し続ける。
彼《かれ》が追い求める、〝ぼくだけのパン〟とは?

✴予約殺到《さっとう》！　大人気のパン

月曜日、朝10時。

山の中にあるパン屋さんの電話が鳴り続けています。

兵庫県《ひょうごけん》西宮市《にしのみやし》にある「生瀬《なまぜ》ヒュッテ」。

「ヒュッテ」は山小屋という意味で、その名のとおり、煙突《えんとつ》つきの赤い三角屋根がかわいらしい、山小屋のようなお店です。

生瀬《なまぜ》ヒュッテは人気のパン屋さん。電話のみの完全予約制《よやくせい》でパンを販売《はんばい》しています。営業《えいぎょう》は火曜日から金曜日までの4日間ですが、毎週月曜日の午前10時から午後2時までの4時間で、その週の分の予約を受け付けています。

予約電話のようすを心配そうにうかがっている、丸い眼鏡《めがね》の男性《だんせい》がいます。

竹内久典《たけうちひさのり》さん。

パン職人《しょくにん》で、この店のオーナーです。

竹内さんにとって、1週間の仕事を決定する月曜日の予約の状況《じょうきょう》は重大事。だか

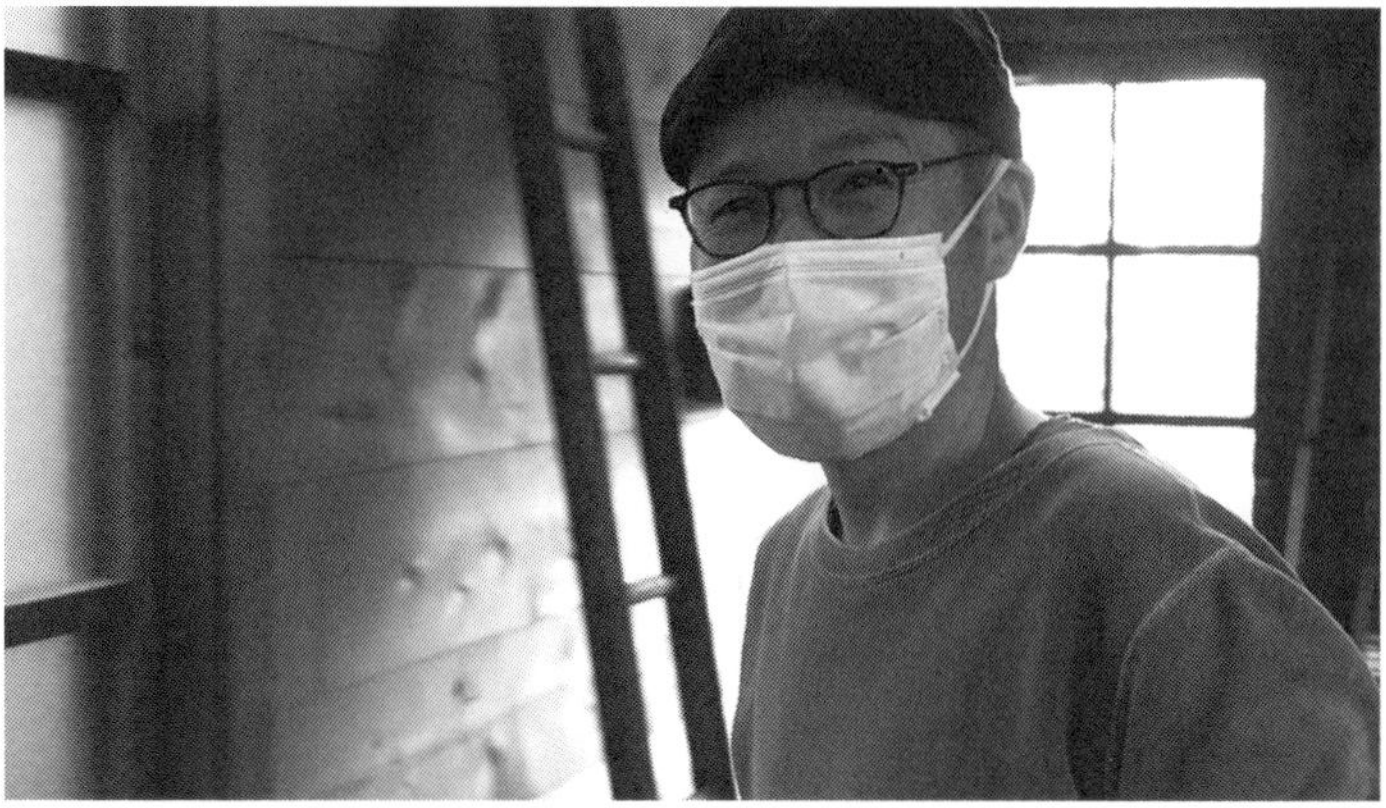

1週間分の予約がうまり、ほっとひと安心の竹内《たけうち》さん。

ら、毎週月曜日の朝は、こうして電話を気にしているのです。

電話はとぎれることなく鳴り続けます。やがて、電話を受けていた竹内《たけうち》さんの奥《おく》さん、直美《なおみ》さんが、

「すみません。もう、売り切れてしまいまして……」

と、お客さんに完売を伝えました。

予約を受けられなかったお客さんのことを考えると残念な気持ちもありましたが、お店の1週間分のパンの予約は、すべてうまったことになります。

「今週も、ひと安心」

竹内《たけうち》さんは、にっこり笑ってほっと胸《むね》をな

でおろしました。

生瀬《なまぜ》ヒュッテが完全予約制《よやくせい》なのには理由があります。

パンをつくっているのは、竹内《たけうち》さんと、20年いっしょに仕事をしている職人《しょくにん》の森《もり》さんのふたりだけ。午前3時から、休憩《きゅうけい》をはさまずに12時間パンを焼き続けますが、ふたりでは、1日につくることができるパンの数に限《かぎ》りがあるのです。

生瀬《なまぜ》ヒュッテを開店した当初は予約制《よやくせい》にしていなかったため、わざわざ遠くからきて長時間並《なら》んでもらっても、パンがなくお客さんにそのまま帰ってもらうこともしばしばありました。

(せっかく遠くからわざわざ足を運んでくれたのに、何もわたせず帰ってもらうなんて……)

考えた末、竹内《たけうち》さんは、並《なら》ばなくても確実《かくじつ》にパンを手に入れられる、完全予約制《よやくせい》にすることにしたのです。

とはいえ、予約もかんたんにはできません。

定番商品と数種類の創作《そうさく》パンが並《なら》ぶ生瀬《なまぜ》ヒュッテの店内。

月曜日の10時になると同時に電話が殺到《さっとう》するため、なかなかつながらないからです。中には、電話がつながるまで200回、500回とかけ続けるお客さんもいるほどです。

生瀬《なまぜ》ヒュッテで販売《はんばい》するのは、食パンなどの定番商品と、毎月メニューが変わる数種のパンと今月のパンセット。一般的《いっぱんてき》なパン屋さんとくらべて種類は少なめです。

そのうえ、予約ができても、当日は山の中のお店までパンを買いに行かなければなりません。

それでも、パンはつねに完売。

竹内《たけうち》さんのパンは、どうしてそんなに人気があるのでしょう。

竹内《たけうち》さんのパンは、すべて竹内《たけうち》さんの独自《どくじ》の製法《せいほう》によるものです。常識的《じょうしきてき》なパンのつくり方は気にせず、竹内《たけうち》さんがいいと思う製法《せいほう》でつくられています。

たとえば、店の看板《かんばん》商品である食パン。

竹内《たけうち》さんは、おどろくほどやわらかい生地で食パンをつくります。通常《つうじょう》の倍にあたる分量の水を加えてつくっているのです。

焼く前のパンの生地は、クリームのようにとろとろしていて形をつくるのがむずかしいほど。どれくらい水を加えることができるか、なんどもためして探《さぐ》りあてた、ぎりぎりの水分量です。この水をたっぷりふくんだ生地で、モチモチとした食べごたえがありながら、のどごしのよい食パンを実現《じつげん》しました。

水を増《ふ》やした結果、機械に生地がとおらなくなり、すべて手で成形しないといけなくなりましたが、その手間をおしまずとことんおいしさを追求します。

人気のメロンパンのつくり方も型破《かたやぶ》りです。

通常《つうじょう》のメロンパンの生地は、高温で1時間ほど発酵《はっこう》させます。しかし、竹内《たけうち》さん

僕《ぼく》のパンは、まだおいしくなる

竹内久典《たけうちひさのり》

ふつうの食パン

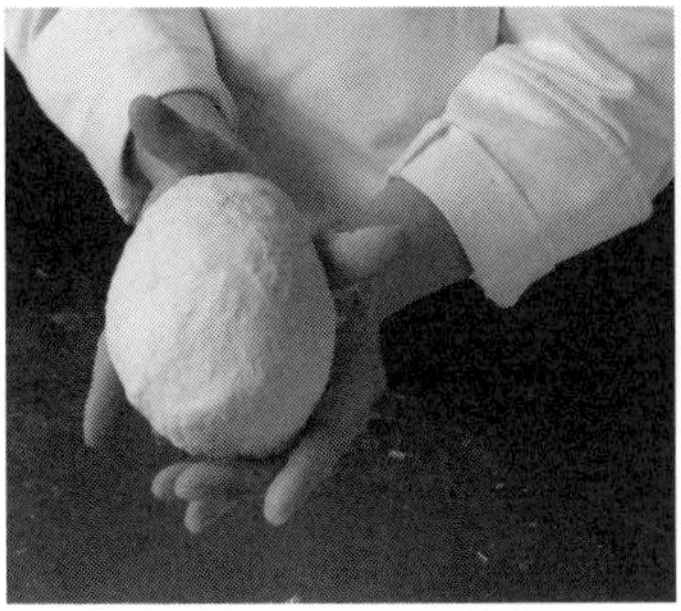

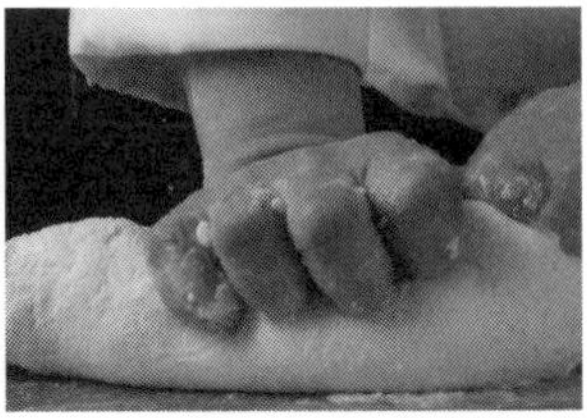

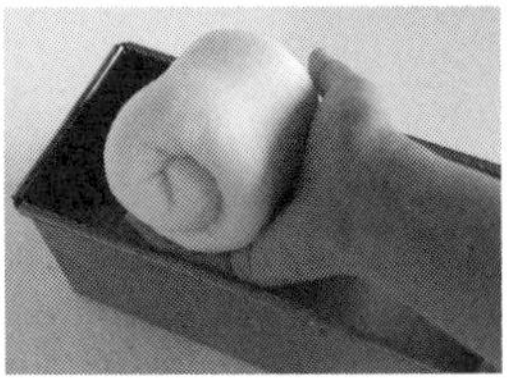

ふつうの食パンの生地。適度《てきど》なかたさでまな板につかず、形がつくりやすい。機械で成形することもできる。

竹内《たけうち》さんの食パン

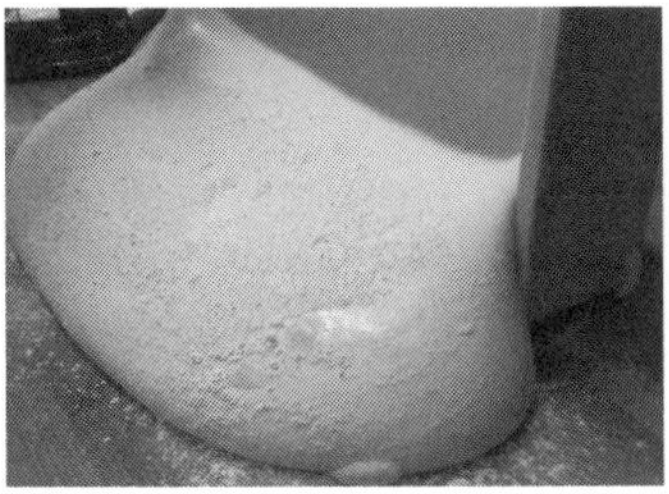

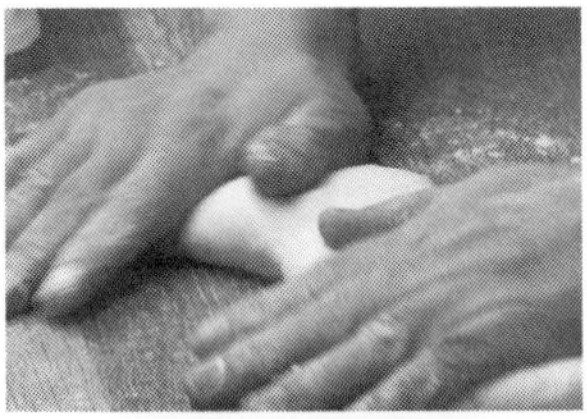

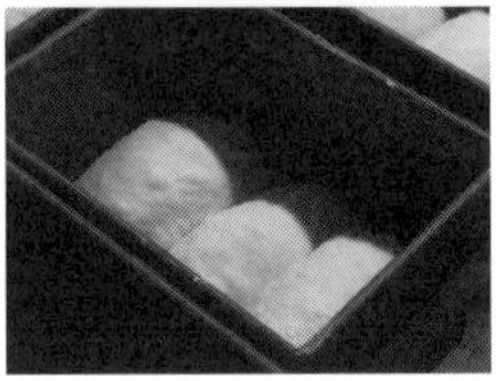

竹内《たけうち》さんの店の食パンの生地。水分をぎりぎりまで多くしているため、パン生地がまな板にくっつくほどやわらかく、形をつくりにくい。機械で成形できないため、一つひとつ手作業で成形している。

は天然酵母《てんねんこうぼ》をつかい、15時間もの時間をかけて高温で発酵《はっこう》させます。その結果、竹《たけ》内《うち》さんのメロンパンはおどろくほど軽く、ふわふわの食感です。

理想の味と食感をだすためなら、竹内《たけうち》さんは手間をおしまずコストもかえりみません。伝統的《でんとうてき》な技術《ぎじゅつ》や常識《じょうしき》にもとらわれません。

おいしかったら、なんでもええ

「つくり方なんて関係ないんですよね。おいしかったら何をやってもいいんです」と、竹内《たけうち》さんは言います。

食パンは、水を増《ふ》やしたらおいしくなったので水を増《ふ》やした。科学的な理由はわからないけれど、おいしくなったからそれでいいと竹内《たけうち》さんは思っています。

正しいと言われるつくり方であっても、おいしくできなかったら意味がありません。手をぬいておいしくなるなら手をぬき、時間をかけておいしくなるのであれば思いきり時間をかけます。

おいしかったら、なんでもいい。

念願の吉田牧場《よしだぼくじょう》から届《とど》いたチーズ。さっそく創作《そうさく》の意欲《いよく》がわく。

それが、竹内《たけうち》さんのパンづくりの信念なのです。

＊　＊　＊

生瀬《なまぜ》ヒュッテに、荷物が届《とど》きました。竹《たけ》内《うち》さんが、いそいそと箱をあけます。

中身は、岡山《おかやま》県の名店「吉田牧場《よしだぼくじょう》」のカマンベールチーズ。試作しているチーズパンに入れるためのものです。

生瀬《なまぜ》ヒュッテの今月のパンセットは、毎月メニューが入れかわるため、竹内《たけうち》さんは月末になると、翌月《よくげつ》の新しいセットの試作に追われます。

次の月のパンセットのうち、くだものを

練りこんだパンなど3種類は、すでにつくり方を完成させています。のこりのひとつがカマンベールパン。

具材にこだわる竹内《たけうち》さんは、おいしいチーズをやっと手に入れ、これで新作のパンを完成させようとしています。

さっそく試作をはじめました。用意しておいた生地に、届《とど》いたばかりのチーズをたっぷりと入れて焼きます。

しばらくすると、こんがりとおいしそうなパンが焼き上がりました。

いくつか焼いたうちのひとつは、たまたま表面に切れ目を入れた部分から、中のチーズがはみだしとけています。そしてとけたチーズには、こんがりしたきつね色の焼き色。

竹内《たけうち》さんは、そこに強くひかれました。

(このチーズが飛びだしてるところが、いちばんおいしそうだな……)

それならいっそ、チーズが必ずはみだすようにしよう、と考えついた竹内《たけうち》さん。

さっそくつくり直しです。

つくり直した試作。パンの裂《さ》け目からカマンベールチーズがとけだしている。

こんどは生地の上のほうにチーズを入れ、その表面にチーズがとけだすよう長い切れ目を入れました。

焼き上がったパンは、竹内《たけうち》さんのねらいどおり、すべてのパンの中からチーズがとけだしています。

「きましたよ、きましたよ、カマンベールチーズが」

楽しそうな声の竹内《たけうち》さん。

森《もり》さんがパンをちぎってひと口食べてみます。

「これは、うまい」

続いてパンを口に入れた竹内《たけうち》さん、

「ふふふ、むっちゃ、うまいな」

おやつを食べた小さな子どものような、幸せそうな笑顔です。

こだわりのカマンベールパンが完成しました。

これで翌月《よくげつ》のセットパン4種類の準備《じゅんび》が完了《かんりょう》しました。


ところがその2日後、竹内《たけうち》さんはまた試作をはじめたのです。

カマンベールパンをとても気に入った竹内《たけうち》さん、ほかの創作《そうさく》パンも、くだものではなく、チーズをつかったものに変更《へんこう》したくなってしまったのです。

セットのパン3種類は、新しくチーズをつかって1から試作のやり直しです。

でも、竹内《たけうち》さんはそれをまったく苦にしません。新しいパンづくりに夢中《むちゅう》になっています。

竹内《たけうち》さんには確信《かくしん》があります。

絶対《ぜったい》、もっとおいしくなる

竹内《たけうち》さんには、自分のパンをもっとおいしくできるという自信があります。食べる人が本当に感動するようなパンをつくれると信じているのです。

どうして、そう言いきれるのですか？　とたずねられると、竹内《たけうち》さんはにっこり笑ってこうこたえます。

「だって、がんばるから……。そうなるまで。ぼくは」

パンはどこにでもあるもの。その中から自分のパンを選んでもらうためには、お客さんを納得《なっとく》させられるだけのおいしさを、どこまでも追求しなければなりません。そして、竹内《たけうち》さんにはそのための努力をおしまないという覚悟《かくご》があるのです。無邪気《むじゃき》なようにも見える竹内《たけうち》さんの自信は、きびしい覚悟《かくご》から生まれていました。

数日後、竹内《たけうち》さんの新作チーズパンがすべて完成しました。

クリームチーズとイチゴのパン。ブルーチーズを包んだパン。スモークチーズとクルミを練りこんだパン。

カマンベールパンとあわせて4種類、どれもが、チーズの力強さを存分《ぞんぶん》に生かした、おいしいパンになりました。

販売《はんばい》されはじめると、お客さんの評判《ひょうばん》も上々《じょうじょう》。

家に帰るまで待ちきれず、お店の外でパンをほおばったお客さんは、ゆっくりとその味を楽しんで言いました。

「ああ、チーズを食べてるなって、実感できるパンです」

竹内《たけうち》さんのこだわりは、確実《かくじつ》にお客さんに届《とど》いていました。

＊＊＊

ほかのどこにもない、個性的《こせいてき》なパンをつくりだす竹内《たけうち》さん。その数は、2000種類以上あります。

竹内《たけうち》さんは、お店で売るパンのほかに、レストランでつかわれるパンもつくって出荷しています。そうしたパンには、お店で売るパンとは別のこだわりをもっています。

フランス料理店でだされるフランスパンでは、フランスパンの特徴《とくちょう》であるかたい歯ごたえをあえて捨《す》てました。

空気の穴《あな》の大きな一般的《いっぱんてき》なフランスパン（右）と、きめの細かい竹内《たけうち》さんのフランスパン（左）。

一般的《いっぱんてき》なフランスパンとくらべ、竹内《たけうち》さんのフランスパンは皮がうすくてパリパリして、中にあいた空気の穴《あな》は小さめ。さっくりとした食感に仕上げます。

料理より先にとけてなくなるので、料理を楽しむのにぴったりなのです。

レストランでは、フランスパンは料理にあわせてだされます。そのとき、パンは主役ではなく、料理の脇役《わきやく》でなければいけないと、竹内《たけうち》さんは思っています。

どんなにおいしくても、皮のかたさが気になり、口どけの悪いパンでは、料理の味をじゃましてしまいます。

料理との相性《あいしょう》を考えた結果、竹内《たけうち》さんは

フランスパンらしくないフランスパンにいきついたのです。

パンの役割《やくわり》にまでこだわる竹内《たけうち》さんは、研究をおこたりません。つきあいのある料理店にお願いして、自分がつくったパンと、プロの料理人がつくる料理をいっしょに食べさせてもらうこともあります。実際《じっさい》にお店の料理と自分のパンを食べてみることによって、パンをつくっているだけでは考えつかないような発見があるからです。

自分だけでは限界《げんかい》があることも、ほかの業種の人と組むことによって可能性《かのうせい》が広がっていきます。こうした地道な研究を積み重ねて、竹内《たけうち》さんは、よりおいしいパン、新しいパンのアイデアをふくらませていくのです。

✳成功と苦しみをへて

竹内《たけうち》さんはかつて、大阪《おおさか》市の中心部に店をかまえていました。お店のスタッフは総勢《そうぜい》30人。1日に1000人ものお客さんが訪《おとず》れ、雑誌《ざっし》などにもとり上げられる超《ちょう》人気店でしたが、ある日突然《とつぜん》、店を閉《し》めました。

竹内《たけうち》さんにいったい何があったのでしょう。

竹内《たけうち》さんは、1972年、大阪《おおさか》府堺《さかい》市に生まれました。

商店街にある履物屋《はきものや》さんの末っ子。まわりの人にかわいがられ快活《かいかつ》に育ちました。

しかし、小学校の高学年になる頃《ころ》、学校にかようのがつらくなります。自分には何もとりえがないような気がして、学校に居場所《いばしょ》が見つけられなかったのです。

日々《ひび》のちょっとしたつまずきが劣等感《れっとうかん》となって積み重なり、どんどん学校へ行くのがおっくうになっていきました。

そして中学2年生のとき、完全に不登校となってしまいます。

竹内《たけうち》さんは、自分が社会からはみだしてしまったような気がしました。このまま終わっていくのかなと、不安でいっぱいになります。

そんな竹内《たけうち》さんの唯一《ゆいいつ》の心のよりどころになったのが、いろいろな会社の社長に成功秘話《ひわ》を聞くという、人気インタビュー番組。そこに出演《しゅつえん》している人たちはみな、中学をでて働くなど苦労はしていましたが、仕事で成功をつかんでお金持ちになり、幸せそうに見えました。

その自信にあふれる社長たちを見て、竹内《たけうち》さんは、（ぼくもいつかは仕事で成功して、お金持ちになって、みんなにみとめられたい）と思うようになりました。

そして、竹内《たけうち》さんは21歳《さい》のとき、大阪《おおさか》でいちばんいそがしいといわれるパン屋に就職《しゅうしょく》しました。

パンは毎日食べるものだから、毎日売れるにちがいない。たくさん売れたらお金持ちになれる！　そうひらめいたからでした。

仕事をはじめた竹内《たけうち》さんは、成功してお金持ちになることを夢見《ゆめみ》て、寝《ね》る間もおしんでパンづくりの腕《うで》をみがきました。

すると、すぐに同僚《どうりょう》の中でもとびぬけた技術《ぎじゅつ》を身につけるようになったのです。

竹内《たけうち》さんは、パンづくりに夢中《むちゅう》になりました。

そうして若《わか》いパン職人《しょくにん》として実力をつけていった竹内《たけうち》さんに、27歳《さい》のとき、人生を変えるできごとがありました。

有名洋菓子店《ようがしてん》から、お店でだすための、これまでにない新しいパンをつくって欲《ほ》しいと依頼《いらい》されたのです。

そのお店のシェフは、中村道彦《なかむらみちひこ》さん。洋菓子《ようがし》の業界で成功し、広く名前を知られた人です。

野心に燃《も》える竹内《たけうち》さんは、大先輩《だいせんぱい》の中村《なかむら》さんから飲食業についてのいろいろなことを学びました。身につけてきたパンの技術《ぎじゅつ》を駆使《くし》して中村《なかむら》さんのアイデアを次々《つぎつぎ》と形にし、毎日毎日いろんなパンをつくっていきました。

どれもこれも、それまで見たこともないような斬新《ざんしん》なパン。中村《なかむら》さんは、竹内《たけうち》さんの技《わざ》を高く評価《ひょうか》してくれました。

この経験《けいけん》から、竹内《たけうち》さんの心にある確信《かくしん》が芽ばえました。

（ぼくは、どこにもないパンをつくれる。ぼくはこれでいちばんになる！）

竹内《たけうち》さんは中村《なかむら》さんのお店をやめて独立《どくりつ》し、自分のお店をだしました。

そして、確《たし》かな技術《ぎじゅつ》とあふれるアイデアで、ユニークでおいしいパンを次々《つぎつぎ》につ

大阪《おおさか》の靱《うつぼ》公園に自分のお店をだした頃《ころ》の竹内《たけうち》さん。

くりはじめたのです。

竹内《たけうち》さんのパンはすぐに話題となり、3年目にはお店を拡大《かくだい》。そして、オープンから5年後に、ある新聞の企画《きかく》で、「日本一おいしいパン」に選ばれました。

なんのとりえもないという劣等感《れっとうかん》で、自分の殻《から》に閉《と》じこもっていた少年時代。そして、そこから脱出《だっしゅつ》して、いつかいちばんになろうと夢中《むちゅう》で取り組んできたパンづくり。いろいろなことが思いだされて、紙面に大きく印刷された自分のお店の名前を見ながら、竹内《たけうち》さんの目に涙《なみだ》がにじみました。

（ようやくみとめられた……）

僕《ぼく》のパンは、まだおいしくなる

竹内久典《たけうちひさのり》

竹内《たけうち》さんは喜びをかみしめました。

しかし、これが苦しみのはじまりだったのです。

お店には毎日お客さんの行列ができるようになりました。竹内《たけうち》さんは工房《こうぼう》を拡大《かくだい》し、24時間体制《たいせい》でパンをつくりましたが、お客さんは朝4時から並《なら》びはじめ、焼いても焼いてもパンが足りない状態《じょうたい》が続きます。1日の売上げは100万円を超《こ》え、お店の経営《けいえい》は絶好調《ぜっこうちょう》。しかし、数をつくらなければいけないというプレッシャーに、竹内《たけうち》さんは追いつめられていきます。体も心もぼろぼろ。いつも何かに追われている緊張《きんちょう》で目つきは変わり、家族にもお客さんにもこわがられるほどでした。

やがて、竹内《たけうち》さんはお金をはでにつかうようになりました。あのインタビュー番組で見た社長たちのようなぜいたくな生活をして、夢《ゆめ》をかなえたという実感を得ようとしたのです。しかし、高級車に乗っても、一等地のマンションに住んでも、少しも満足を感じられませんでした。

（ぼく、何をやりたいねん……）

竹内《たけうち》さんは、あらためて自分に問い直し、気づきました。

竹内《たけうち》さんは、パンづくりが好きだったのです。つらかったのは、つくりたいパンがつくれないということ。納得《なっとく》できないパンをつくることは、お客さんにうそをついているようで、苦しくてしかたありませんでした。こんなパンづくりなら、する意味がない。お金持ちになんかなれなくていいから、ただ自分のパンをつくりたい、と心から願ったのです。

これが、ぼくのパンだ

誠実《せいじつ》に自信をもって「これがぼくだ」と言えるパンをつくりたい。それだけが、竹内《たけうち》さんの夢《ゆめ》でした。

そのことに気づいた竹内《たけうち》さんは、人気絶頂《ぜっちょう》の中、大阪《おおさか》の店を閉店《へいてん》しました。

3年後。あわただしい都会からはなれた静かな山の中に、竹内《たけうち》さんは新しいお店、生瀬《なまぜ》ヒュッテをオープンしました。つくるパンの量は前のお店の5分の1にへらし、確実《かくじつ》にお客さんにパンが届《とど》くよう完全予約制《よやくせい》にしました。材料費が高くて利益《りえき》があ

大阪《おおさか》の店を閉《し》め、３年後にオープンした現在《げんざい》のお店「生瀬《なまぜ》ヒュッテ」。

まりでなくても、自分が納得《なっとく》する材料をつかってパンをつくります。

「パンだけは負けたくない。いろんなもん、すべて負けてきたから」

そう話す竹内《たけうち》さんの表情《ひょうじょう》は、おだやかです。竹内《たけうち》さんは、自分にまっすぐ向き合って、全力で「ぼくだけのパン」を焼き続けます。自分のすべてをパンに注ぎこんで自分のつくりたいパンをつくる、その幸せを二度と手放さないように。

✳お客さんをよびもどせ！

７月のある月曜日。生瀬《なまぜ》ヒュッテに想定外

のできごとがおこりました。

1週間分の予約受付の日であるこの月曜日、予約がうまらなかったのです。店のオープン以来、必ず受付時間内に完売していた予約制《よやくせい》のパン。予約の数が目標に届《とど》かなかったのは、はじめてのことでした。夏は暑さのために食欲《しょくよく》がなくなり、お客さんがへる時期です。しかたないことではありますが、竹内《たけうち》さんは、がっかりしてしゃがみこんでしまいました。奥《おく》さんの直美《なおみ》さんが、

「少し足りないだけだから」

となぐさめますが、竹内《たけうち》さんは下を向いたままです。

しかし、落ちこんでばかりはいられません。翌月《よくげつ》には売上げを挽回《ばんかい》するために、とびきりおいしい新作パンが必要です。気持ちをふるいたたせて、竹内《たけうち》さんは知り合いの紅茶専門店《こうちゃせんもんてん》を訪《たず》ねました。暑い夏に食べてもらえる商品として、インド式の紅茶《こうちゃ》、チャイをつかったパンを思いついたからです。

甘《あま》いミルクティーにスパイスを加えたチャイ。その茶葉を生地に練りこんで、チャイの味をパンに生かせれば、食欲《しょくよく》を刺激《しげき》する商品ができるのではないかと考えて

チャイを飲む竹内《たけうち》さん。このうまさをパンに生かしたい……。

います。

お店で、オーナーがいれてくれたチャイを飲み、竹内《たけうち》さんは、

「うまいですね」

と、眼鏡《めがね》の奥《おく》の目を細めました。やさしい中にも、きりっと刺激《しげき》のある味は、やはり夏にぴったり。この味をどうしたらパンに生かせるか、オーナーにいろいろと話を聞きはじめます。

ところが話を聞いてみると、茶葉をパン生地に練りこむ方法では、パンにチャイの味をつけられないことがわかりました。パンをチャイの味にするためには、煮出《にだ》したチャイを生地に混《ま》ぜるしかなく、竹内《たけうち》さんのイメージとはまったくちがうパンになります。新しいチャイのパン

は、出だしから大きな方針変更《ほうしんへんこう》が必要になりました。

翌日《よくじつ》から、チャイの風味を生かしたパンの試作がはじまりました。ふつうに飲むときよりずっと濃《こ》いチャイをつくり、パン生地と混《ま》ぜあわせます。チャイに欠かせないスパイスと、風味づけのために茶葉も少し加えました。そして最後に甘《あま》みとしてホワイトチョコレートを加えます。

しかし、パン生地は、紅茶《こうちゃ》の成分が強すぎたためか、発酵《はっこう》がうまく進まず、十分につながりませんでした。焼いてみても、やはりおいしくありません。理想にはほど遠い試作品でした。失敗です。

そこでチャイの濃《こ》さをうすめに調整し、茶葉を生地に練りこむのをやめて、再挑《さいちょう》戦《せん》することにしました。すると生地はしっかり発酵《はっこう》し、焼き上がりもよくなりました。見た目はとてもおいしそうなパンです。ナイフで切ってみると、こっくりとした美しい茶色の断面《だんめん》。スパイスのきいたチャイの香《かお》りが立ちのぼります。竹内《たけうち》さんと森《もり》さんは、うれしい予感に顔を見あわせました。

「問題は味や。どきどきするな」

と言いながら、一口食べた竹内《たけうち》さん、

「むっちゃ、うまい。チョコもパリパリ」

と、うれしい笑顔になりました。できは上々《じょうじょう》です。チャイのパンを販売《はんばい》できるめどがつき、竹内《たけうち》さんはやっと明るい気持ちになりました。

ところが、そんな気分に水をさすように、またショックなことがおこりました。お店で、パンがたくさん売れのこってしまったのです。

生瀬《なまぜ》ヒュッテは完全予約制《よやくせい》ですが、わざわざ遠くまで買いに来てくれるお客さんのために、予約の商品以外に、10種類ほどのパンをバラ売りしています。これは、予約制《よやくせい》のパンとちがって、ときには売れのこることもありました。しかし、売れのこっても、その数はこれまでほんのわずかだったのです。それが、その日はどっさりのこってしまいました。

お店のケースにたくさんのこされたパンは、どれも竹内《たけうち》さんの自信作です。竹内《たけうち》さんは、悲しそうにため息をつきました。

「せつないなあ……」

こうなると、いよいよ来月の新作をおいしいものに仕上げて、お客さんをよびもどさなければなりません。

新作パンは、チャイのパンだけではありませんでした。チャイのパン以外に、天《てん》然酵母《ねんこうぼ》の卵《たまご》パンなど、6種類のパンをだす予定です。それらの新作パンは、それぞれまだ試作段階《だんかい》で、材料も集まりきっていませんでした。竹内《たけうち》さんはもう手いっぱいです。それでも竹内《たけうち》さんは、チャイのパンにさらにくふうを重ねることにしました。

チャイのパンは、すでに販売《はんばい》できるレベルの味にはなっています。でも、竹内《たけうち》さんは、まだ納得《なっとく》していません。自分のパンは、「ふつうにおいしい」のではだめだと考えています。

(わざわざ電話で予約をしてもらって、こんなところまで買いにきてもらうのに、「ふつうにおいしい」じゃだめだ。「最高においしい」パンをつくらなくては)

ぎりぎりまで改良を続ける竹内《たけうち》さんは、新作販売《はんばい》の前日、もう一度、紅茶専門店《こうちゃせんもんてん》を訪《たず》ねました。

オーナーに、あらためて茶葉のおいしい煮出《にだ》し方《かた》を教わります。少しでもパンを

パンをおいしくするために、販売《はんばい》前日、深夜ぎりぎりまで試行錯誤《しこうさくご》を続ける。

おいしくするために、どんなに小さなところにも手をぬきたくない。竹内《たけうち》さんは夢中《むちゅう》でした。

お店にもどり、くふうをこらしながらチャイを煮出《にだ》します。真剣《しんけん》な表情《ひょうじょう》で鍋《なべ》をかきまわしていた竹内《たけうち》さんが、不意に「ふふ」と笑いをもらしました。

（パン屋が、こんなに真剣《しんけん》にチャイをつくってる。おもしろいなあ）

どうしてこんなに一生懸命《いっしょうけんめい》働くのか？ 竹内《たけうち》さんは自分に問いかけてみました。

お金のためではありません。家族のためではありますが、それだけでもありません。それなら、なんのためだろう？

竹内《たけうち》さんは気づきました。

パンは、ぼくのすべて

お客さんは、みんな竹内《たけうち》さんのパンを買いにきてくれます。電話で予約をして、遠いところから、竹内《たけうち》さんのつくるパンを求めてきてくれるのです。パンは、子どもの頃《ころ》から求め続けた、自分のとりえでした。自分が生きて、ここにいる理由。竹《たけ》内《うち》さんのつくるパンこそが、竹内《たけうち》さん自身なのです。だから、お客さんのためにも、自分のためにも、全力をつくさなければいけないのだと思いました。

（まだおいしくなる。絶対《ぜったい》に）

竹内《たけうち》さんは、自分を信じて、全身全霊《ぜんしんぜんれい》で取り組みます。

新作パン販売日《はんばいび》の、開店7時間前。次々《つぎつぎ》に新作のパンが焼き上がっていました。

窯《かま》から焼きたてのパンをとりだすごとに、

「すばらしい」

「卵《たまご》パン、真っ黄色！」

僕《ぼく》のパンは、まだおいしくなる

竹内久典《たけうちひさのり》

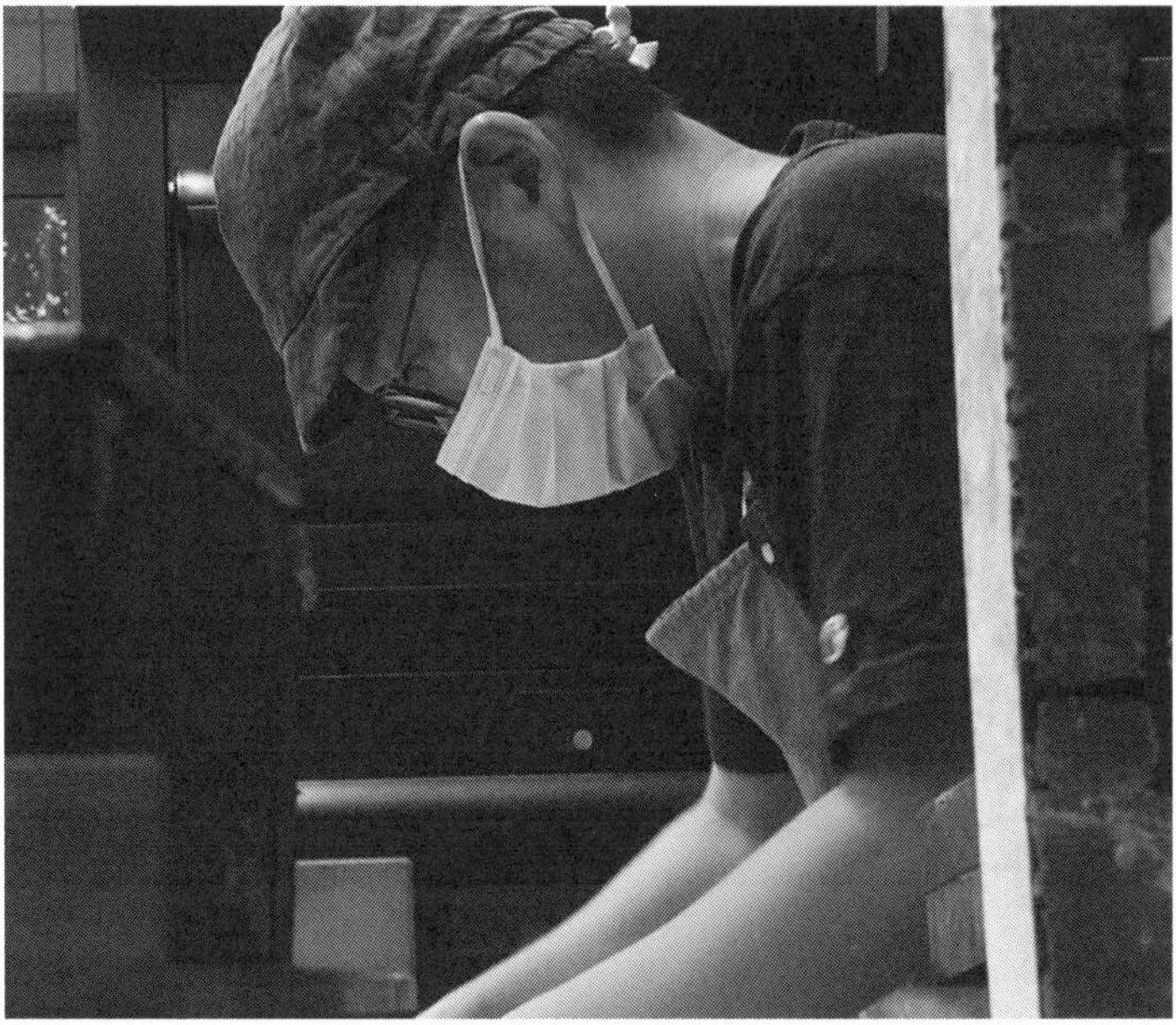

「ぼくのパンは、まだおいしくなる……。」

「むっちゃ、うまそう」

と、声を上げる竹内さん。新しいパンのできのよさを、自分に言い聞かせているようです。

チャイのパンも焼き上がりました。さっそく切って試食してみます。改良したチャイの味もしっかりしていて、おいしく焼き上がっています。

しかし、竹内《たけうち》さんは気づきました。

(何かがちがう……)

小さなかたまりでのこしたかったホワイトチョコレートが、とけてしまっていました。試作とちがい、販売用《はんばいよう》のパンは大量に生地をしこむため、ミキサーで練る時間が長くなり、チョコレートがとけてしまったのです。味に問題はないので、予定どおりお店にだしましたが、パリパリしたチョコレートの食感をのこせなかったことを、竹内《たけうち》さんは残念に思いました。

10時の開店と同時に、竹内《たけうち》さんは翌日《よくじつ》のしこみをはじめました。チャイのパンのしこみには、ひとくふうを加えます。チョコレートが生地にとけないように、水の代わりに氷を入れ、さらに生地をつくる粉は冷蔵庫《れいぞうこ》で冷やしておきました。これで生地の温度が下がり、チョコレートの食感はのこるはず。竹内《たけうち》さんはそう考えました。

このチャイのパンにかぎらず、竹内《たけうち》さんは、商品を販売《はんばい》しはじめてからもパンを改良していきます。もっとおいしくできると感じたら、ためらわずにつくり方を変えます。

今日より明日、明日より明後日と、どんどんパンをおいしくしていきたいと思うのです。

そうやって、いつか、自分の究極のパンにたどりつくこと。それが、竹内《たけうち》さんの新しい夢《ゆめ》です。

もっとおいしくできると思ったら、販売《はんばい》している商品も改良する。

生地の温度を調節して焼き上げた2日目のチャイのパンには、しっかりとチョコレートがのこっていました。

「よかったぁ。昨日のよりもっとおいしいよ。ええのが上がった」

竹内《たけうち》さんの顔に笑みが広がりました。

今日の限界《げんかい》は明日の限界《げんかい》とはかぎらない。

竹内《たけうち》さんは、そう信じています。竹内《たけうち》さんにも、竹内《たけうち》さんのパンにも、完成はありません。あるのは、無限《むげん》の可能性《かのうせい》。竹内《たけうち》さんの中では、まだ形になっていないたくさんのおいしいパンが、とりだされるのをまっています。

新しいどこにもないようなものを生みだし、ぼくだけのパンをつくる。

竹内《たけうち》さんはただそれだけを追い求め、今日もパンをつくり続けています。

僕《ぼく》のパンは、まだおいしくなる

竹内《たけうち》久典《ひさのり》

プロフェッショナルとは

どこにもない
自分にしかできないものを生みだし続け、
それをさらに日々《ひび》進化させ続けられる人が
プロフェッショナルだと思います。

第307回2016年10月24日放送

こんなところがプロフェッショナル！

おいしいパンのためなら努力をおしまない、竹内久典《たけうちひさのり》さん。こんなところがすごいよ！

おいしさを一途《いちず》に求める

パン屋さんは、味だけでなく、手間とコストのバランスを考えながら製法《せいほう》を見つけますが、竹内《たけうち》さんは手間やコストは度外視《どがいし》。おいしければなんでもいい！という考えで、手間をおしみません。「とにかくおいしいパン」をめざします。

つくりたいパンがどんどんでてくる

つくりたいパンのアイデアがどんどんでてくる竹内《たけうち》さん。「もっとおいしいもんをつくれるんじゃないか」といつも思っています。アイデアは無限《むげん》です。

試作と改良をくり返す

竹内《たけうち》さんの毎日は、試作と改良のくり返し。「もっとおいしくなるんじゃないか……」その思いで、毎月新しい創作《そうさく》メニューをつくり、看板《かんばん》商品の改良にも挑《いど》みます。十分おいしいと納得《なっとく》しているパンですが、さらなる高みをめざします。

地道な研究を積み重ねる

竹内《たけうち》さんは、一流の料理人のお店に試作のパンをもって行き、料理との食べあわせの確認《かくにん》をお願いすることもあります。自分だけでなく、ほかの業種の人の力を借りることで、ひとりでは考えつかないようなアイデアが生まれると言います。竹内《たけうち》さんのパンは、こうした地道な研究の積み重ねから生まれています。

プロフェッショナルの格《かく》言《げん》

唯一無二《ゆいいつむに》のパンをつくる、竹内久典《たけうちひさのり》さんのことばを心にきざもう。

まだ、おいしくなるんですよ。絶対《ぜったい》

「最後は感動してもらえるものができるんちゃうかなって。絶対《ぜったい》まだおいしくなるんですよね」と言いきる竹内《たけうち》さん。感動してもらえるまで自分が絶対《ぜったい》にがんばるから、自信をもってこう言えるのです。

今日の限界《げんかい》は明日の限界《げんかい》とはかぎらない

竹内《たけうち》さんは自分の限界《げんかい》を決めません。今日できなくても、明日できるかもしれない。そう信じてパンをつくってきました。今日より明日、明日より明後日、竹内《たけうち》さんのパンは日々《ひび》おいしく進化し続けます。

ふつうに「おいしい」では絶対《ぜったい》だめ

「平日昼間に何度も電話をかけてくれ、山の中まで買いにきてくれるお客さんに、ふつうにおいしいパンでは絶対《ぜったい》だめ」と言う竹内《たけうち》さん。想像《そうぞう》以上のパンを食べてもらうため、どこにもないパンをつくり続けます。

鉄曲げひとすじ、巨船《きょせん》を造《つく》る

ぎょう鉄職人《しょくにん》

葛原《くずはら》幸一《こういち》

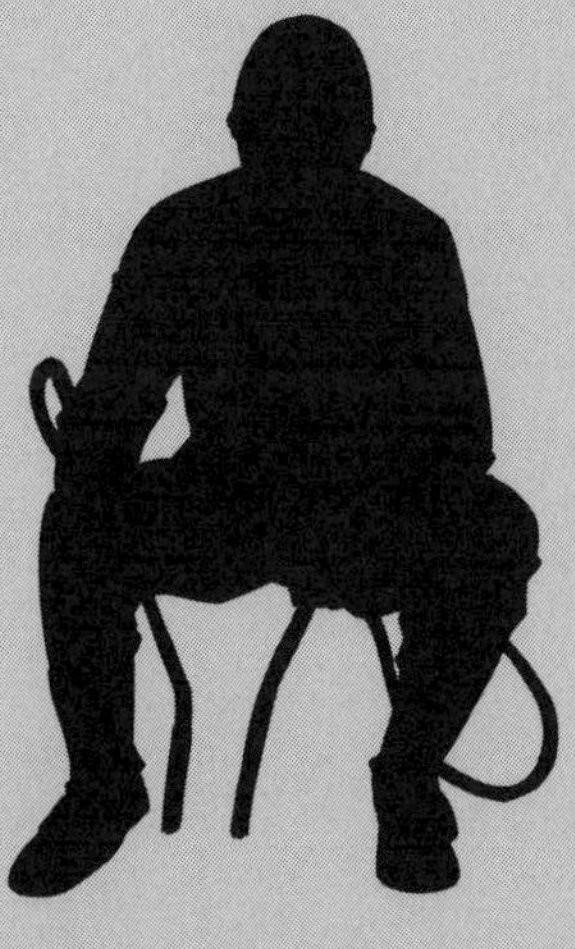

日本を代表する産業、造船《ぞうせん》。

世界の船の4分の1は、日本でつくられ輸出《ゆしゅつ》されている。

日本の船のすぐれた性能《せいのう》を生むのは、計算しつくされた船の形。

そしてその船の形を構成《こうせい》するのは、複雑《ふくざつ》な曲線で船をおおう鉄だ。

船体を形づくるがんじょうでかたい鉄を、自由自在《じゆうじざい》に曲げてしまう職人《しょくにん》がいる。

職人《しょくにん》がつかうのは、火と水だけ。

ガスバーナーとホースを手に、分厚《ぶあつ》い鉄をしなやかに曲げる。

機械にもできない、むずかしい鉄の加工を可能《かのう》にするのは、

熟練《じゅくれん》の勘《かん》と、たぐいまれな技術《ぎじゅつ》。

誤差《ごさ》2ミリ以内という正確《せいかく》さにこだわる職人《しょくにん》。

そのこだわりは、どのように生まれたのか?

また、大型船をおおう鉄には、職人《しょくにん》のどんな思いがこもっているのか?

✳船を形づくる技《わざ》

周囲を海で囲まれた国、日本。この国では、船は昔から大切な乗り物として各地でさかんにつくられてきました。

鉄をつかった大型の船がつくられるようになったのは、江戸《えど》時代の終わり頃《ごろ》です。以降《いこう》造船《ぞうせん》は、国家の重要な産業として発展《はってん》し、昭和《しょうわ》時代の半ばには、造船量《ぞうせんりょう》が世界一になるまでに成長しました。

現在《げんざい》も中国《ちゅうごく》・韓国《かんこく》とともに造船《ぞうせん》大国として知られ、世界の船の約4分の1が日本で製造《せいぞう》されています。

日本製《にほんせい》の船の特徴《とくちょう》は、スピードが速く、燃費《ねんぴ》がよく、がんじょうでこわれにくいこと。これらの特徴《とくちょう》すべてで、世界を圧倒《あっとう》しています。

すぐれた船の秘密《ひみつ》は、その形にあります。水の抵抗《ていこう》を小さくおさえる、計算しつくされた流線型の船体。高層《こうそう》ビルのように巨大《きょだい》な船全体が、美しく複雑《ふくざつ》な曲線で形づくられています。

鉄曲げひとすじ、巨船《きょせん》を造《つく》る

葛原幸一《くずはらこういち》

水の抵抗《ていこう》をおさえるように計算された、しなやかな流線型の船体。

微妙《びみょう》にふくらんだりしなったりする輪郭《りんかく》は、やわらかい魚のようですが、すべてかたい鉄。かたい鉄を曲げて、この流線型を生みだしているのです。

コンピュータで指示《しじ》し、機械をつかって曲げられる部分もありますが、微妙《びみょう》で複雑《ふくざつ》な曲げが必要なところは職人《しょくにん》の手作業です。

人が、火と水だけをつかって鉄の板を曲げるこの作業を、「ぎょう鉄」といいます。「ぎょう」は漢字で書くと「撓《ぎょう》」。「しなう」「たわめる」という意味です。ぎょう鉄は、鉄を手作業でしなやかに曲げる技術《ぎじゅつ》です。

このぎょう鉄の仕事で、名人として知られている職人《しょくにん》がいます。

葛原幸一《くずはらこういち》さん。

「ものづくり日本大賞」や「現代《げんだい》の名工」といった産業界のすぐれた技術《ぎじゅつ》をもつ人におくられる賞を受賞するなど、造船《ぞうせん》業界だけにとどまらず、日本の産業界を代表する技《わざ》をもつ職人《しょくにん》です。

葛原《くずはら》さんの仕事場は、1300人以上の人が働く香川《かがわ》県の大きな造船所《ぞうせんじょ》。注文が絶《た》えず大いそがしで、ぎょう鉄班《はん》にも次々《つぎつぎ》と仕事がまいこんできます。

この造船所《ぞうせんじょ》でぎょう鉄を担当《たんとう》する職人《しょくにん》は6人。中でも葛原《くずはら》さんは最年長です。定年をすぎている葛原《くずはら》さんですが、その高い技術《ぎじゅつ》を必要とする会社のたっての願いで、現場《げんば》で仕事を続けているのです。半世紀も働き続けている体には、若《わか》い人に負けない力と緊張感《きんちょうかん》がみなぎっています。

ぎょう鉄職人《しょくにん》が加工する鉄板は、船全体をおおう鉄を数百枚《まい》に小分けにした断片《だんぺん》です。これらの鉄板は1枚《まい》1枚《まい》形や厚《あつ》さがちがい、曲げ方も異《こと》なります。職人《しょくにん》たちは、設計図《せっけいず》をもとに実寸大《じっすんだい》につくられた木型を手がかりに、厚《あつ》さ数センチの鉄の板

鉄曲げひとすじ、巨船《きょせん》を造《つく》る

葛原幸一《くずはらこういち》

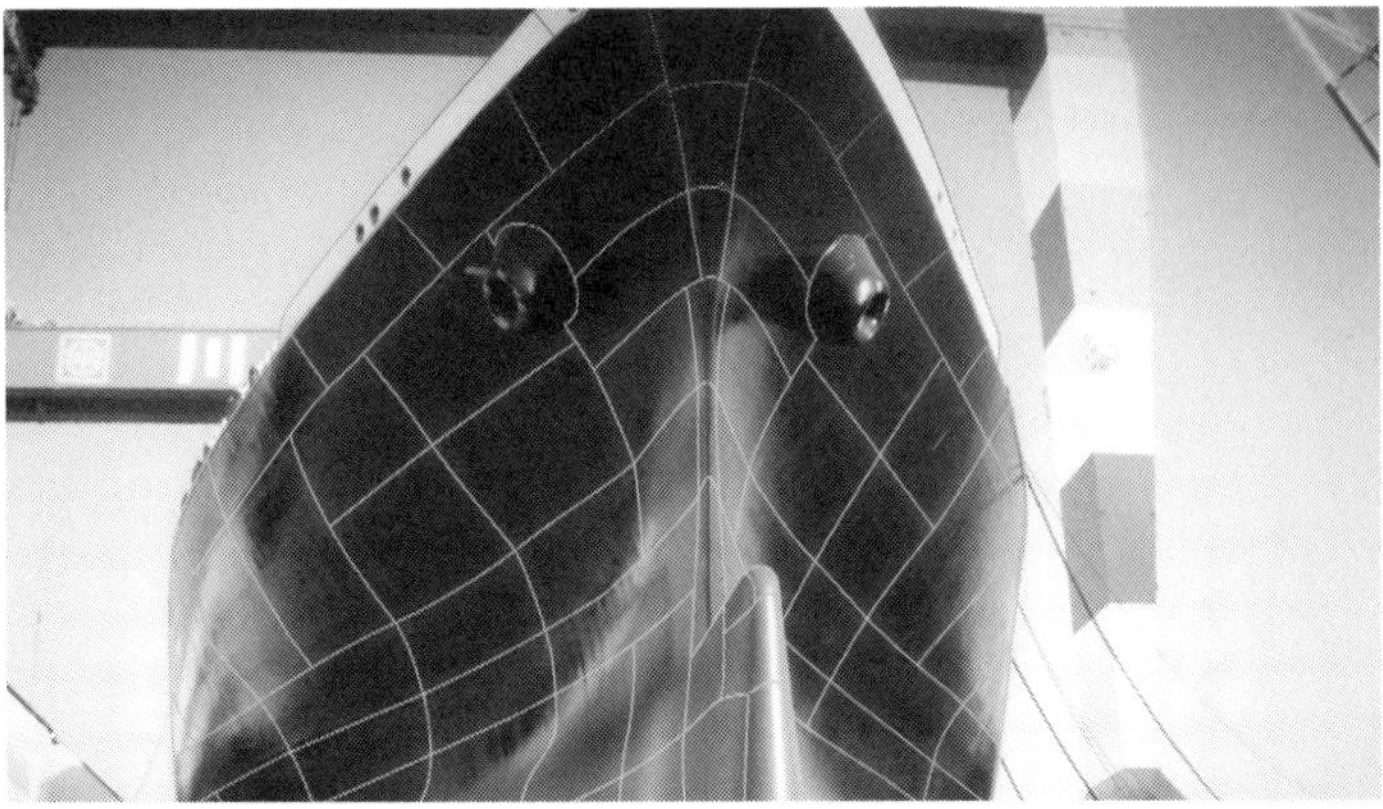

船体をおおっている鉄は、1枚《まい》1枚《まい》形のちがう鉄板の断片《だんぺん》をつなぎあわせてできている。

を、注文どおりの形になるように曲げていきます。そうして仕上げられた鉄板が、パズルのように組み合わされて、船全体をおおうのです。

ぎょう鉄の仕事は、まず、鉄に火を入れるための目安となる線をひくことからはじまります。

この作業は、仕事の基本《きほん》であると同時に、いちばんむずかしいところでもあります。どこにどのように線をひき、どのくらい焼くかの見きわめが、仕上がりに直結するからです。

目安の線をひき終わると、鉄を曲げる作業に入ります。つかうのはガスバーナーと水。

ガスバーナーの炎《ほのお》を、目安としてひいた線の上に当てて鉄の表面を焼き、そこに水を流します。

鉄には熱を加えるとふくらむ性質《せいしつ》があるため、炎《ほのお》を当てられて高温になった部分はふくらもうとします。一方、炎《ほのお》が当たっていない温度が低い部分の鉄からは、ふくらむ部分をおし返そうとする力が働きます。

そのため、熱していた部分を急に水で冷やすと、ふくらもうとしていた力が止まり、ふくらむ力をおし返そうとする力だけがのこって、鉄が縮《ちぢ》み、曲がるのです。

こうした鉄の性質《せいしつ》と力を利用し、焼いて冷やすという作業をなんどもくり返して、鉄を曲げていくのです。


葛原《くずはら》さんにむずかしい仕事がまわってきました。「バルバスバウ」とよばれる、船の先端《せんたん》につきだした下あごのような部分の加工です。

バルバスバウは、水中で真っ先に水にあたって船への水の抵抗《ていこう》を小さくする、とても重要な部分。葛原《くずはら》さんは、そのバルバスバウの中でももっとも曲がりの深い、

■ ぎょう鉄の作業とは

ガスバーナーと水とをつかってかたい鉄を曲げるぎょう鉄は、鉄の性質《せいしつ》を利用しておこなわれる。

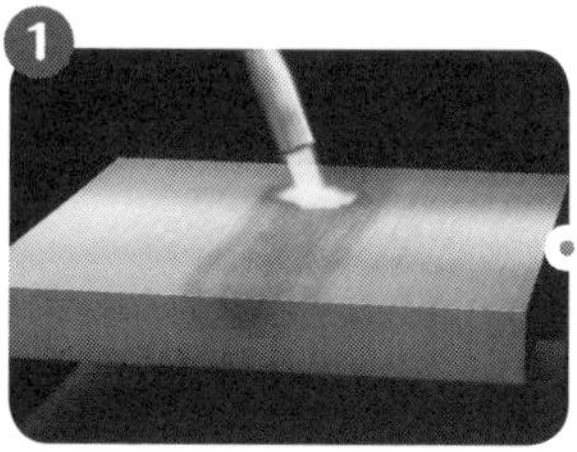

曲げたい部分をガスバーナーの炎《ほのお》で熱する。

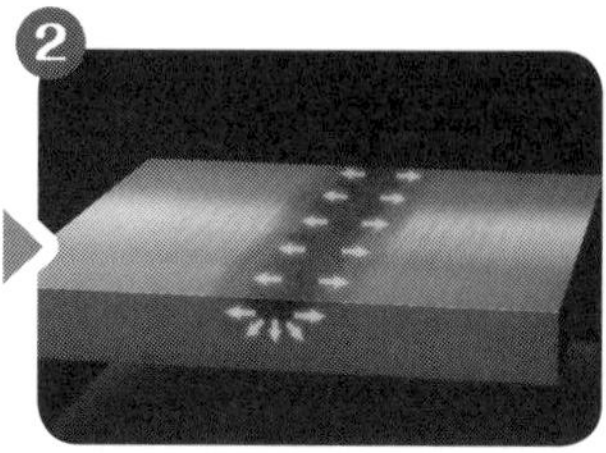

高温になった部分にふくらもうとする力が働く。

まわりの温度が低い部分には、ふくらむ部分をおし返す力が働く。

高温部分を水で急速に冷やすと、ふくらもうとする力が止まる。

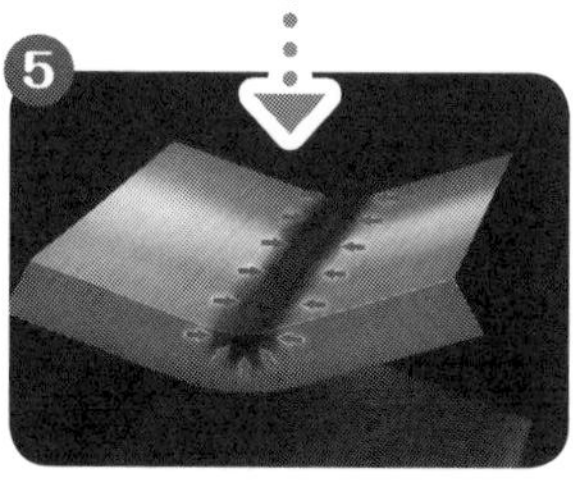

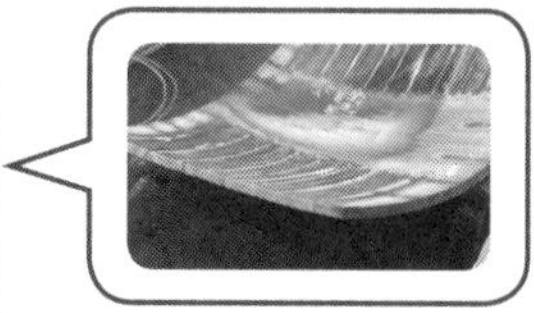

おし返す力だけがのこり、鉄が縮《ちぢ》んで曲がる。

葛原《くずはら》さんが担当《たんとう》する、船首バルバスバウの中でもいちばん曲がりの深い部分。

むずかしい1枚《まい》に取り組むことになりました。

船は、車のように同じ規格《きかく》で大量生産されるものではありません。注文に応《おう》じて1隻《せき》1隻《せき》つくられるオーダーメイドです。パーツも、その船のためだけにひとつずつつくられ、同じものをくり返しつくるということがありません。だから、葛原《くずはら》さんのようなぎょう鉄のベテランにとっても、仕事はつねに手探《てさぐ》りで進めていく新しい挑戦《ちょうせん》となります。

さらに、この作業で気をつけなくてはならないことがあります。鉄を焼きすぎないことです。鉄は焼きすぎるともろくなるので、がんじょうな船ができません。たとえむずかしい加工でも、なんども焼き直せないのです。

いかに焼く回数をおさえて、鉄の強さを保《たも》ちながら思うように曲げていくかが、ぎょう鉄職人《しょくにん》の腕《うで》の見せどころなのです。

葛原《くずはら》さんが鉄を焼きはじめました。

1時間ほどで、鉄は3ミリほど曲がりました。

ぱっと見ただけではわからないほど小さな変化ですが、葛原《くずはら》さんの思いどおりの変化です。

葛原《くずはら》さんは、鉄の変化を読みきって焼き方を決定し、最小限《さいしょうげん》の焼きで鉄を思いどおりに曲げることができます。その仕上がりの正確《せいかく》さは、木型との誤差《ごさ》2ミリ以内という驚異的《きょういてき》なもの。

葛原《くずはら》さんのこうした鉄の変化の正確《せいかく》な予測《よそく》や、鉄の状態《じょうたい》に対する細やかな感覚は、何にもとづいているのでしょうか。

「鉄板の厚《あつ》さの半分ちょっと、3分の2くらいまで火をとおしている感じかな。自分の感覚で、これぐらいでええな、と思ったら止める」

照れ屋の葛原《くずはら》さんは多くを語らず、

「だいたい勘《かん》」

と言って笑いました。


数日後、バルバスバウの重要な1枚《まい》の焼きの作業を進めていた葛原《くずはら》さんは、大きな問題に気づきました。

（縮《ちぢ》みすぎている……）

木型を当ててみると、鉄板の曲がりはまだ不十分。続けて焼いて曲げていかなければなりません。

でも、このまま曲げていくと、鉄が縮《ちぢ》みすぎて、仕上がりの横幅《よこはば》が2センチほど小さくなってしまいそうなのです。

葛原《くずはら》さんの連絡《れんらく》に、設計担当者《せっけいたんとうしゃ》が飛んできました。途中《とちゅう》まで曲げた鉄板を見せながら、事情《じじょう》を説明する葛原《くずはら》さん。調べてみると、縮《ちぢ》みの幅《はば》も考慮《こうりょ》して余裕《よゆう》をもたせて切りだされるはずの鉄板が、小さめに切られていたことがわかりました。

「はぁ、こまったなあ」

設計担当者《せっけいたんとうしゃ》といっしょに、鉄板を前にした葛原《くずはら》さんは考えこみます。

かんたんなのは、新しく鉄板を切りだしてもらって、はじめからつくり直すことです。しかし、それをしてしまうと、納期《のうき》に間に合わなくなってしまいます。

大きな船をつくる仕事は、1000人以上の人が2年がかりでおこなう大事業です。

ぎょう鉄は、その大きな一連の仕事のはじめにある工程《こうてい》。さまざまな仕事を担当《たんとう》するたくさんの人たちが、葛原《くずはら》さんたちが鉄板を仕上げるのをまっています。

ぎょう鉄の納期《のうき》が遅《おく》れると、あとの仕事にかかわる大勢《おおぜい》の人たちに影響《えいきょう》がおよぶのです。

「とりあえず、このままこれを曲げてみようか」

葛原《くずはら》さんが思いきってそう言うと、設計担当者《せっけいたんとうしゃ》はほっとしたような表情《ひょうじょう》で、

「お願いします」

と、頭を下げました。

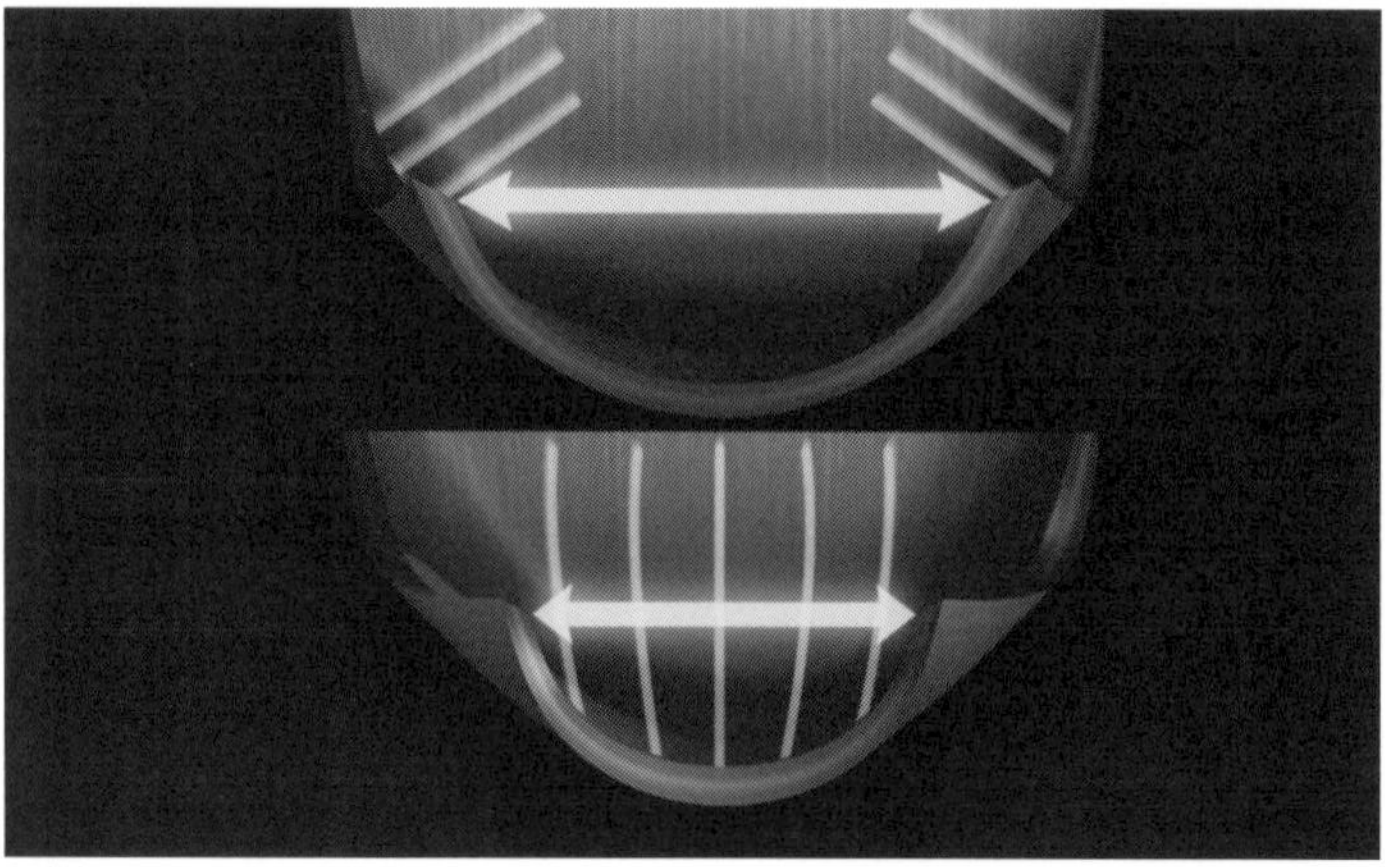

垂直《すいちょく》（下）ではなく、ななめ（上）に焼いて横の縮《ちぢ》みを小さくしようと考えた。

葛原《くずはら》さんは定規《じょうぎ》を持ちだしました。

そして、鉄板の中央にひいてあった垂直《すいちょく》の線とはまったくちがうななめの線を、鉄板のすみに引きはじめます。

垂直《すいちょく》に焼くと、鉄はどんどん内側に向かって縮《ちぢ》んで曲がっていき、横幅《よこはば》は短くなります。

しかし、すみをななめに焼けば、鉄板のはしをもち上げるように強く曲げつつ、横方向の縮《ちぢ》みを小さくおさえられると葛原《くずはら》さんは考えたのです。

ベテランの葛原《くずはら》さんでもほとんど試みたことのない方法。

葛原《くずはら》さんは長年の経験《けいけん》から、この方法が

もっとも効果的《こうかてき》だと判断《はんだん》しました。

どんなにむずかしい仕事でも絶対《ぜったい》にあきらめない。

葛原《くずはら》さんには職人《しょくにん》としての意地があるのです。

悩《なや》みぬき、考えぬく

ぎょう鉄の仕事には、お手本も教科書もありません。

目の前の鉄板を注文どおりに曲げるための正解《せいかい》は、自分で見つけるしかないのです。まったく同じ鉄板はなく、いつでも新しいくふうを求められるむずかしい仕事。

でも、かんたんにはいかないからこそ、50年やっていてもおもしろいのだと、葛《くず》原《はら》さんは思います。

葛原《くずはら》さんは、慎重《しんちょう》に選んでひいたななめの線を焼きはじめました。

しばらく焼いたあと、木型を当ててみます。

しかし、木型と鉄板のそりは合いません。

(うーん、おかしいなあ)

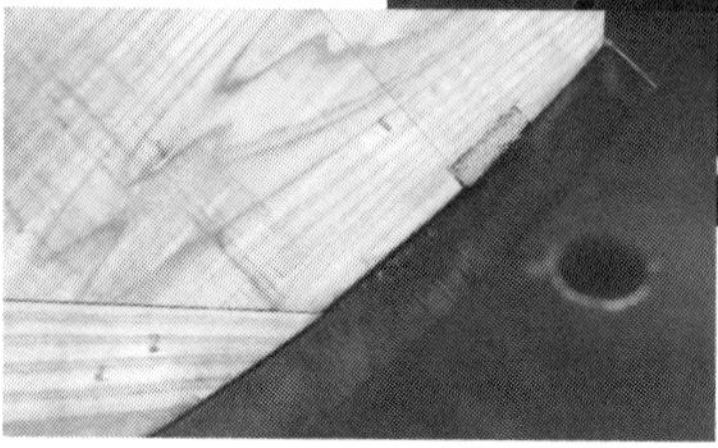

木型を当てて確認《かくにん》すると、曲線の誤《ご》差《さ》は２ミリ以下。心配された横幅《よこはば》も足りた。

チョークで印をつけ、修正《しゅうせい》の方法を考えまた焼き直します。そして再《ふたた》び木型を当てます。

「乗らん……。おうてない。なかなか手ごわい」

はじめはそう言って笑っていた葛原《くずはら》さんの顔つきが、次第に変わってきました。

どんどん集中していきます。

そして、悩《なや》みぬいて新しい線をひき、焼いてみては考えぬき、ということが、延々《えんえん》とくり返されました。

ようやく葛原《くずはら》さんの手が止まったのは、焼きの作業を開始してから50時間が経過《けいか》した日のことでした。

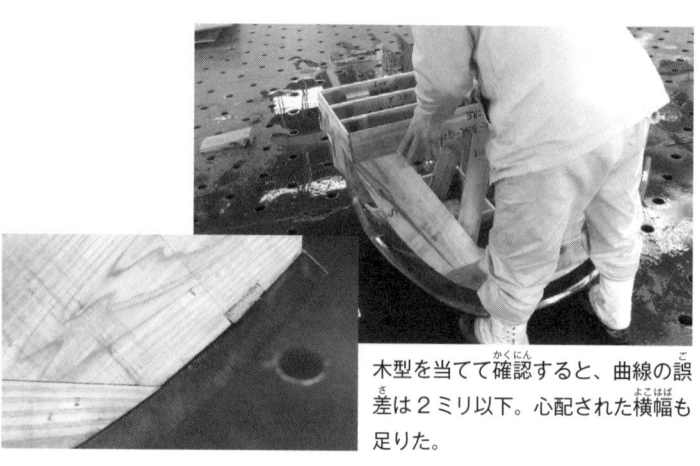

完成させた鉄板に木型を当ててみると、曲がり具合はぴったり。曲線の誤差《ごさ》は2ミリもありません。心配された横幅《よこはば》もぎりぎり足りています。

葛原《くずはら》さんは、思いがけない事態《じたい》を無事に切りぬけ、納期《のうき》までに鉄板を仕上げることができました。

大型船のかなめを構成《こうせい》する1枚《まい》の鉄板は、ぎょう鉄職人《しょくにん》葛原《くずはら》さんの、50年の経験《けいけん》と意地の結晶《けっしょう》。そのだれにもまねできない技《わざ》が、日本の船の品質《ひんしつ》を根底でささえているのです。

✳尊《とうと》い仕事

葛原《くずはら》さんは、両親と6人兄弟の大家族で育ちました。生活は苦しく、子どもの頃《ころ》から早く両親に楽をさせてあげたいと思っていた葛原《くずはら》さん。中学校を卒業すると、15歳《さい》で地元の香川《かがわ》県をはなれ、大阪《おおさか》で就職《しゅうしょく》しました。

大阪《おおさか》で5年ほど働いた20歳《さい》の頃《ころ》、地元に造船所《ぞうせんじょ》ができました。葛原《くずはら》さんはそこで仕事をすることになり、香川《かがわ》にもどります。そして配属《はいぞく》されたのが、ぎょう鉄の現場《げんば》でした。

新しい会社に入って、また一生懸命《いっしょうけんめい》働きはじめた葛原《くずはら》さんでしたが、間もなく、中学を卒業して働きはじめた自分と、高校や大学を卒業して入社してきた同期の人たちとでは、働いてもらえるお金（給料）などの待遇《たいぐう》や、昇進《しょうしん》のしかたがまったくちがうということに気づきました。

葛原《くずはら》さんは割《わ》りきれない気持ちになり、同時に負けん気をおこしました。

（学歴ではかなわなくても、仕事では負けたくない！）

この気持ちがバネになり、葛原《くずはら》さんはだれよりも仕事に打ちこむようになりました。もともと手先が器用だった葛原《くずはら》さん、どんどんむずかしい技術《ぎじゅつ》を身につけ、若《わか》手《て》の有望職人《しょくにん》として会社の期待を集めるようになります。

その頃《ころ》の日本は、急激《きゅうげき》な経済《けいざい》成長のまっただなか。大型船の注文は絶《た》えることがなく、ぎょう鉄の現場《げんば》にも次々《つぎつぎ》に仕事がまいこみます。若《わか》い葛原《くずはら》さんは、時間をわすれて仕事に没頭《ぼっとう》しました。

30歳《さい》で結婚《けっこん》。子どもが生まれ、家を買い、職人《しょくにん》としての実力も十分ついて、仕事がおもしろくなった頃《ころ》、大きなできごとがおこりました。

オイルショックです。

中東《ちゅうとう》の原産地で石油の生産が止まり、世界的に石油が不足、それによって経済《けいざい》や生活に大きな混乱《こんらん》がおきました。

経済《けいざい》の混乱《こんらん》や石油の生産がへったことで、世界の船の荷動きが大幅《おおはば》に少なくなり、造船《ぞうせん》の発注は激減《げきげん》したのです。閉鎖《へいさ》に追いこまれる造船所《ぞうせんじょ》があいつぎました。

葛原《くずはら》さんの会社も、5000人いた従業《じゅうぎょう》

オイルショックで大型船の需要《じゅよう》は激減《げきげん》し、多くの造船所《ぞうせんじょ》が閉鎖《へいさ》した。

員《いん》を半分にするというきびしい決断《けつだん》をします。葛原《くずはら》さんの同期たちは、どんどんやめていきました。

葛原《くずはら》さんは会社にのこりましたが、ぎょう鉄の仕事がないため、電車の組み立ての現場《げんば》に配属《はいぞく》されます。

組み立ての仕事の経験《けいけん》のまったくない葛原《くずはら》さんは、機械のスタートボタンをおすような単純《たんじゅん》作業しかまかせてもらえませんでした。そして、その現場《げんば》さえ長くは働けず、次々《つぎつぎ》にいろいろな現場《げんば》へ回され、単純《たんじゅん》作業を担当《たんとう》する毎日が続きました。

ぎょう鉄の職人《しょくにん》として腕《うで》をみがいてきた葛原《くずはら》さんには、とても満足のいく仕事ではありませんでしたが、家族を養うために、働くしかありません。

無念さをおしころして仕事をしていたある日、同僚《どうりょう》からこんなことを言われてしまいました。

「ようけ金もらってるのに、仕事できへんやないか」

葛原《くずはら》さんの胸《むね》に、いかりがこみ上げました。

仕事ができないわけじゃない。できる仕事がなくなってしまったんだ。かけがえのない仕事がなくなってしまったんだ！

たえがたいくやしさの中で、葛原《くずはら》さんは気づきました。

葛原《くずはら》さんにとってぎょう鉄の仕事は、とても大切な尊《とうと》いものだったのです。

自分で考え、くふうし、こたえをだしながら身につけていく。そんな仕事が楽しく、そして自分自身にとってとても有意義《ゆういぎ》だったということが、身にしみてわかりました。

葛原《くずはら》さんは心に決めます。

（いつか必ずぎょう鉄の仕事にもどる。その日まであきらめずに辛抱《しんぼう》しよう）

それから1年ほどすると、じょじょに会社に船の注文が入るようになり、葛原《くずはら》さんはぎょう鉄の現場《げんば》によびもどされました。念願のぎょう鉄の仕事にもどれることになったとき、葛原《くずはら》さんは、

（これからは覚悟《かくご》をもって仕事をしよう。いままで以上にこの仕事をつきつめていかなければならない……）

そう考えました。

そして、自分にひとつのルールをつくります。

誤差《ごさ》2ミリの誓《ちか》い

ぎょう鉄の仕事では、設計図《せっけいず》と仕上がりの誤差《ごさ》が5ミリ以内であれば、精度《せいど》は十分だといわれています。しかし、葛原《くずはら》さんはあえて、誤差《ごさ》2ミリ以内というきびしい基準《きじゅん》を自分に設《もう》けたのです。

葛原《くずはら》さんはそのルールにしたがって、どんなにむずかしい設計《せっけい》でもくふうを重ね、注文どおりの正確《せいかく》な加工を追究しました。

そうして身につけた知恵《ちえ》と技術《ぎじゅつ》によって、ほかでは実現《じつげん》できないような設計《せっけい》の船も受注できるようになりました。

夢中《むちゅう》でぎょう鉄に打ちこむうちに、半世紀近くの歳月《さいげつ》がすぎました。そのあいだに、葛原《くずはら》さんが世界に送りだした船の数は300隻《せき》以上。

ほかの国ではまねできない複雑《ふくざつ》な設計《せっけい》の船も、葛原《くずはら》さんのアイデアで次々《つぎつぎ》と実現《じつげん》させていきました。当時、造船《ぞうせん》の本場であったイギリスで、キングとよばれるほどの名人になります。

日本国内では、50代で「現代《げんだい》の名工」を、60代で「ものづくり日本大賞」を受賞しました。名職人《めいしょくにん》にあたえられる賞をそれぞれ受賞し、日本の産業界を代表する職《しょく》人《にん》とみとめられます。

それでも葛原《くずはら》さんの歩みは止まりません。70歳《さい》になっても現役《げんえき》をつらぬき、若《わか》い職人《しょくにん》たちと並《なら》んでさらに腕《うで》を上げようと努力を続けています。

そんな葛原《くずはら》さんの仕事を日々《ひび》見ている職人《しょくにん》たちは、「何かわからんときには、葛原《くずはら》さんに聞いたら的確《てきかく》なこたえをだしてくれる。生きとるあいだはきてもらわんと」と話します。

造船《ぞうせん》大国日本の基礎《きそ》を築《きず》いてきた葛原《くずはら》さんの道は、終わることがないのです。

✳名人、むずかしい板に挑《いど》む

葛原《くずはら》さんたちぎょう鉄班《はん》が進めていたある船の仕事に、大きな変更《へんこう》の指示《しじ》が入りました。当初の予定よりも急ぎで仕上げて欲《ほ》しいという内容《ないよう》です。配られたスケジュール表を見た葛原《くずはら》さん、思わず、

「ややこしいのばっかりや」

と声をあげます。

工事予定がくり上げられたのは、むずかしい部分の仕事ばかりでした。葛原《くずはら》さんが担当《たんとう》することになったのは、その中でももっともむずかしい1枚《まい》。船を旋回《せんかい》させるときに回すプロペラを包みこむ部分の板です。水の抵抗《ていこう》をおさえる重要な役割《やくわり》をもつ部分で、板の構造《こうぞう》はとても複雑《ふくざつ》です。

まず、横の方向は下向きに反らせ、そこに縦《たて》の方向の上向きの反りを加え、さらにそれをななめにねじるというもの。折り紙でたとえると、横は山折りに、縦《たて》は谷折りにして、ななめにねじるというような具合です。

葛原《くずはら》さんが担当《たんとう》する部分の木型。この木型にあわせた複雑《ふくざつ》な曲げが求められる。

1枚《まい》の鉄板上でこれを実現《じつげん》することは、なみたいていのことではありません。

こうした複雑《ふくざつ》な構造《こうぞう》の鉄板は、通常《つうじょう》、何枚《なんまい》かに小さく分けて加工し、最後につなぎあわせます。しかし、今回は経費《けいひ》や加工時間を節約するために、1枚《まい》の板でやって欲《ほ》しい、という注文がきたのでした。

「ややこしい」と言いながら、葛原《くずはら》さんの心の中には、新しい仕事への挑戦《ちょうせん》にわくわくするような気持ちもあります。

(やっつけてやる)

納期《のうき》のせまる中、ベテラン職人《しょくにん》の挑戦《ちょうせん》がはじまりました。

葛原《くずはら》さんは、プロペラを包む板の焼きの作業に入りました。5日ほどで下向きの曲げがほとんど仕上がり、こんどは上向きの曲げ作業をはじめます。

しかし、上向きの曲げの作業にかかってから2日で、問題がおきました。

上向きに曲げたところ、その曲げにひっぱられて、先に作業した下向きの曲げがもとにもどってしまったのです。

ある程度《ていど》のもどりがあることは予測《よそく》していた葛原《くずはら》さんでしたが、板が大きいため、思った以上にもどりが強くなってしまっていました。

下向きの曲がりと上向きの曲がり。その両方がおたがいをひっぱるときのもどりを計算して、どう曲げていくか。

ベテランの葛原《くずはら》さんにも、その加減《かげん》がつかみきれません。

この2種類の曲げを同時におこなう加工は、想像《そうぞう》以上にむずかしいものだということがわかってきました。

焼きをはじめてから9日目。葛原《くずはら》さんの表情《ひょうじょう》がくもりました。

（ほとんど動いてないぞ……）

鉄の弱点である現象《げんしょう》がおきていました。鉄が曲がらなくなってきたのです。鉄はある程度《ていど》まで焼いてしまうと、かたくなりだんだん曲がらなくなります。今回の加工では、下向き、上向きの両方の曲げをかけるために、鉄板の表と裏《うら》の両面を焼いているので、その進行が速いのです。

そこにさらに難問《なんもん》が加わりました。

船づくり全体の工事予定が遅《おく》れてしまっているために、また予定を早めなければならなくなったのです。ぎょう鉄班《はん》も、1日でも納期《のうき》を早めて欲《ほ》しいという要望を受けていました。

職人《しょくにん》は、みんな手いっぱいの仕事を必死でこなしています。こういうときにあてにされるのが、名人の葛原《くずはら》さんです。

（葛原《くずはら》さんだったら、4日かかるところを3日で仕上げてくれるだろう）

しかし葛原《くずはら》さんは、プロペラを包む板の曲げの解決策《かいけつさく》が見つからず、苦しんでいました。周囲からの期待と、作業がうまくいかないあせりが、大きな重圧《じゅうあつ》になって

ジャッキの力を借りて、なんとか曲げようと試みる葛原《くずはら》さん。

葛原《くずはら》さんにのしかかります。

葛原《くずはら》さんは、ついに奥《おく》の手をつかうことにしました。

ジャッキという重い物をもち上げる機械です。ジャッキで鉄板を物理的にひっぱって、鉄の曲がる力を助けながら焼いていくのです。

さっそくジャッキをつかって鉄を曲げようとする葛原《くずはら》さん。しかしそれでも鉄は、なかなか思いどおりに曲がりません。

(まだまだや)

葛原《くずはら》さんは、夜遅《よるおそ》くまで現場《げんば》にのこるようになりました。そして、夜遅《よるおそ》く家に帰っても、なかなか寝《ね》つくことができません。

頭の中に、あの板をどう曲げようかという考えがぐるぐる回って眠《ねむ》れないのです。

（何かいい手がないか）

そのことが葛原《くずはら》さんの頭をはなれなくなっていました。

焼きの作業がはじまって2週間。鉄板はさらにかたくなり、もうほとんど曲がらなくなっていました。完全に行きづまりです。経験豊《けいけんゆた》かなベテランの葛原《くずはら》さんにとっても、これほど解決策《かいけつさく》が見つからないのははじめての経験《けいけん》でした。

職人《しょくにん》たちが集まる休憩所《きゅうけいじょ》で、

「こまったな、あれは。もう縮《ちぢ》まんようになってきた」

と、めずらしく弱音をはく葛原《くずはら》さんを、同僚《どうりょう》の職人《しょくにん》たちが、

「体調悪いんちゃう？」

と気づかいます。葛原《くずはら》さんは元気なくうつむきました。

持ち場にもどってから、曲がらなくなった鉄板に手をふれ、葛原《くずはら》さんは考えこみました。

できると判断《はんだん》して引き受けたこの板の仕事。できればこのまま何日でも焼き続けて、納得《なっとく》のできる結果をだしたいと思っています。

これまで、焼きはじめた板を途中《とちゅう》でやめたことは一度もありません。それは職人《しょくにん》としての誇《ほこ》りです。しかし、納期《のうき》までに完成させなければ、この後の作業をする人たちに迷惑《めいわく》がかかり、船の製造《せいぞう》に大きな打撃《だげき》をあたえてしまいます。

（このまま焼き進めて納期《のうき》までに注文どおりの形に仕上げられるか。それとも、一からやり直すしかないのか……）

葛原《くずはら》さんはしばらくじっと考えていましたが、意を決したように、ぎょう鉄班《はん》の班長《はんちょう》をよびに行きました。

心配そうな表情《ひょうじょう》でやってきた班長《はんちょう》に、葛原《くずはら》さんは作業途中《とちゅう》の鉄板を見せ、この板はこれ以上曲げられないと説明します。思いもよらない葛原《くずはら》さんのギブアップに、班長《はんちょう》はとまどったようすを見せました。

その班長《はんちょう》に、さらに葛原《くずはら》さんは、

「これ、割《わ》るしかないやろうと思う」

鉄曲げひとすじ、巨船《きょせん》を造《つく》る

葛原幸一《くずはらこういち》

「納期《のうき》に間に合わせるための最善策《さいぜんさく》は……」

と言います。

大胆《だいたん》な提案《ていあん》でした。

新しい鉄板で一からやり直すのではなく、加工しかけている板を切断《せつだん》して、曲がらなくなった部分だけを、新しい板でつくり直すというのです。

「割《わ》ったら、いけるん？」

慎重《しんちょう》に確認《かくにん》する班長《はんちょう》に、葛原《くずはら》さんはうなずきます。

「ふたつに切って、片方《かたほう》はつかって、もう片方《かたほう》は交換《こうかん》する」

納期《のうき》に間に合わせ、そして正確《せいかく》に仕上げるためには、こうするしかない。それが、何日も考えぬいた葛原《くずはら》さんのこたえでした。

その迷《まよ》いのない表情《ひょうじょう》を見て班長《はんちょう》は、

「葛原《くずはら》さんの判断《はんだん》にまかせます」

と了解《りょうかい》します。

設計《せっけい》の部署《ぶしょ》に交渉《こうしょう》して、鉄板を二分割《にぶんかつ》して曲げの加工を進めることになりました。

さっそく葛原《くずはら》さんの作業がはじまりました。

つかえる部分を見きわめ、鉄板を切断《せつだん》します。そして、まっさらな気持ちで目の前の鉄板と向き合い、神経《しんけい》をとぎすまして炎《ほのお》を当てていきます。

職人《しょくにん》の意地

焼きはじめた板を、一部とはいえ途中《とちゅう》であきらめたのは、職人《しょくにん》としてくやしいことでした。しかし、納期《のうき》までに注文どおりの板を仕上げることもまた、職人《しょくにん》の意地です。

大きな決断《けつだん》をした葛原《くずはら》さんは、もう後ろをふりかえりません。これまでの職人《しょくにん》人生でもっともむずかしい板を、誤差《ごさ》2ミリ以内の正確《せいかく》さで納期《のうき》までに仕上げることに全力をかたむけます。

そして、ついにプロペラを包む板の加工が完了《かんりょう》しました。誤差《ごさ》はみごとに2ミリ以内。葛原《くずはら》さんはすっきりとした表情《ひょうじょう》を見せ、格闘《かくとう》してきた鉄板を見下ろしながら話しました。

「まあまあじゃないですか。ふたつに割《わ》らせてもらったけど、これが正解《せいかい》やと思います。ぎょう鉄には、これでいいという絶対《ぜったい》のこたえがないから、仕事しよるあいだはずっと勉強ですわ」

名人とよばれる葛原《くずはら》さんは、大きな仕事を終え、なお「勉強」を口にするのでした。

数日後、葛原《くずはら》さんが仕上げたあの板が組み立てられました。板は所定の位置にぴたりとおさまり、苦心した下向きの曲がりと上向きの曲がりは、美しい曲線をえがいていています。

「いつもどおり、いい仕事ですわ」

組み立ての担当者《たんとうしゃ》が、気持ちよさそうに眺《なが》めるその1枚《まい》の板には、葛原《くずはら》さんが自分に課したぎょう鉄の仕事への高い意識《いしき》と、ゆるぎのない責任感《せきにんかん》がこもっているのです。

葛原《くずはら》さんの手から生まれたたくさんの美しい流線型の船が、今日も世界の海を行き来しています。

鉄曲げひとすじ、巨船《きょせん》を造《つく》る

葛原幸一《くずはらこういち》

プロフェッショナルとは

精度《せいど》へのこだわり、
自分流のこだわりをもって、
よい製品《せいひん》を送りだす。そして、
さらに上をめざして、日々《ひび》進歩あるのみ。

第261回2015年4月20日放送

こんなところがプロフェッショナル！

超人的《ちょうじんてき》な技術《ぎじゅつ》で鉄を曲げるぎょう鉄職人《しょくにん》、葛原幸一《くずはらこういち》さん。こんなところがすごいよ。

いっさいの妥協《だきょう》をゆるさない

大型船は、1000人もの人が2年近くかけてつくり上げます。そのかなめとなるのがぎょう鉄の作業。葛原《くずはら》さんが、木型とのずれを自らきびしく設定《せってい》し、いっさいの妥協《だきょう》をゆるさないのは、船づくりの「礎《いしずえ》」をになっているという誇《ほこ》りがあるからです。

世界中の造船所《ぞうせんじょ》で技術指導《ぎじゅつしどう》をする

造船《ぞうせん》の本場であったイギリスで「キング」とよばれたすご腕職人《うでしょくにん》の葛原《くずはら》さん。その技術《ぎじゅつ》を学びたいと、世界中の造船所《ぞうせんじょ》から技術指導《ぎじゅつしどう》にまねかれます。

むずかしい形状《けいじょう》でもくふうして挑《いど》む

どんなに複雑《ふくざつ》でむずかしい形状《けいじょう》でも、葛原《くずはら》さんはあきらめません。どうすればこの形状《けいじょう》をつくれるのか、考えて考えてくふうを重ね、理想の形に挑《いど》み続けます。

どこにどう線をひくか見きわめる

ぎょう鉄職人《しょくにん》は、木型どおりに複雑《ふくざつ》に鉄を曲げるために、どこにどう線をひくか見きわめ、どのくらい焼くかを自分自身で考えます。そして、見た目にはほとんどわからないくらいの繊細《せんさい》な曲げをくり返し、完成形に近づけるのです。葛原《くずはら》さんは、その見きわめのするどさが飛びぬけているのです。

プロフェッショナルの格言《かくげん》

ぎょう鉄職人《しょくにん》、葛原幸一《くずはらこういち》さんのことばを心にきざもう。

正解《せいかい》は自分で考えて見つけだす

〝これはこうしなきゃいけない〟という正《せい》解《かい》がないぎょう鉄の仕事。「正解《せいかい》は自分で考えて見つけだすもの。それは50年やってもなれないしむずかしい。でも、だからこそおもしろい」葛原《くずはら》さんはそう語ります。

新しいもんきたら、ワクワクする

葛原《くずはら》さんのところには、ぎょう鉄の中でもむずかしい仕事がきます。でも葛原《くずはら》さんは、「むずかしい仕事がでてきたら、やっつけてやるという気になる。新しいもんきたら、ワクワクするかなあ」と言います。

曲がりのとこはいちばんだいじやと思う

ぎょう鉄は船づくりのスタートライン。「最初が悪かったら、絶対《ぜったい》に最終的にきれいな形にはならんわな。曲がりのとこはいちばんだいじやと思う」葛原《くずはら》さんは、自分の仕事に誇《ほこ》りと責任《せきにん》をもっているのです。

時計に命、意地の指先

時計職人《しょくにん》

松浦《まつうら》敬一《けいいち》

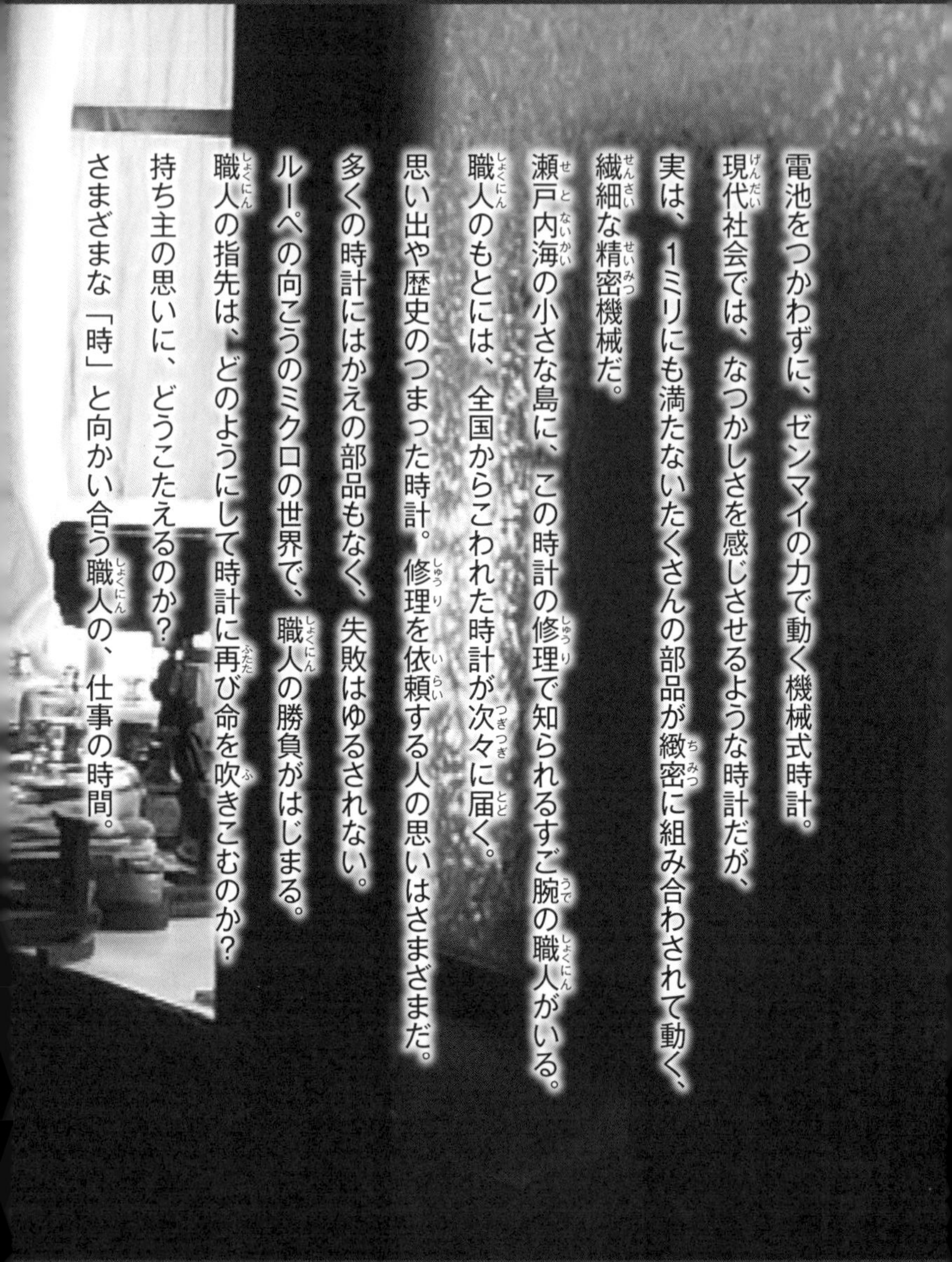

電池をつかわずに、ゼンマイの力で動く機械式時計。
現代《げんだい》社会では、なつかしさを感じさせるような時計だが、
実は、1ミリにも満たないたくさんの部品が緻密《ちみつ》に組み合わされて動く、
繊細《せんさい》な精密《せいみつ》機械だ。

瀬戸内海《せとないかい》の小さな島に、この時計の修理《しゅうり》で知られるすご腕《うで》の職人《しょくにん》がいる。
職人《しょくにん》のもとには、全国からこわれた時計が次々《つぎつぎ》に届《とど》く。
思い出や歴史のつまった時計。修理《しゅうり》を依頼《いらい》する人の思いはさまざまだ。
多くの時計にはかえの部品もなく、失敗はゆるされない。
ルーペの向こうのミクロの世界で、職人《しょくにん》の勝負がはじまる。

職人《しょくにん》の指先は、どのようにして時計に再《ふたた》び命を吹《ふ》きこむのか？
持ち主の思いに、どうこたえるのか？
さまざまな「時」と向かい合う職人《しょくにん》の、仕事の時間。

✴ミクロの世界の職人《しょくにん》

広島県《ひろしまけん》瀬戸内海《せとないかい》のおだやかな波の中に浮《う》かぶ、大崎下島《おおさきしもじま》。江戸《えど》時代の街並《まちな》みがのこる美しい島です。

この島の古い建物がつらなる小さな通りに、新光《しんこう》時計店という老舗《しにせ》の時計店があります。

創業《そうぎょう》100年を超《こ》える歴史あるお店には、古いふりこ時計などがおかれ、こうしためずらしい時計をのぞきにくる観光客も少なくありません。しかし、ここは古いだけの時計店ではありません。時計の修理《しゅうり》で全国的に名を知られる、時計職人《しょくにん》のお店でもあるのです。

職人《しょくにん》の名は、松浦敬一《まつうらけいいち》さん。新光《しんこう》時計店4代目の店主です。

松浦《まつうら》さんの1日は、お店の掃除《そうじ》からはじまります。店先をほうきではき清め、窓《まど》や窓《まど》わくもていねいにふきます。作業場の掃除機《そうじき》がけはとくに念入り。

南向きの大きなガラス窓《まど》から自然光がさしこむ松浦《まつうら》さんの作業台。

この掃除《そうじ》は、きれい好きなだけの掃除《そうじ》ではありません。時計は細かい部品からできた精密《せいみつ》機械。細かいほこりやちりにも影響《えいきょう》を受けます。だから松浦《まつうら》さんは、仕事場をいつでも清潔《せいけつ》に保《たも》つよう、神経《しんけい》をつかっているのです。

午前9時。

松浦《まつうら》さんの仕事がはじまります。

仕事をするときの定位置は、通りに面した南向きの大きな窓《まど》ガラスの前の作業台。とても小さな部品をあつかうこの仕事には、自然光がいちばんよいのだと松浦《まつうら》さんは言います。

作業台の横の壁《かべ》には、修理《しゅうり》を依頼《いらい》されたたくさんの時計がかけられています。その中から松浦《まつうら》さんは、20年前につくられたスイス製《せい》の腕時計《うでどけい》をとり上げ、修理《しゅうり》をはじめました。5年前から時間が遅《おく》れはじめ、ほかの時計店では「できない」と修理《しゅうり》を断《ことわ》られ続けたという古い時計です。

この時計は、電池をつかわずに動く「機械式」という種類。機械式時計は、時計の内部にあるうず巻《ま》き状《じょう》に巻《ま》かれたゼンマイをきつく巻《ま》き、ゼンマイがほどけてもとにもどるバネの力を動力として針《はり》を動かします。

そしてこの時計は、機械式の中でも、時計をつけた腕《うで》をふることでゼンマイが自動的に巻《ま》かれて動く「自動巻《じどうまき》」というしくみの時計でした。

小さな時計の内側には、100個《こ》以上の部品が複雑《ふくざつ》に組み合わされています。部品の大きさはさまざまですが、小さいものは1ミリ以下。ゴマの粒《つぶ》よりさらに小さく、肉眼《にくがん》ではその形がはっきりと確認《かくにん》できないほど小さいものもあります。こうした部品の中にひとつでも異常《いじょう》がでれば、時計は正しく動かなくなってしまうのです。

松浦《まつうら》さんは、右目に「キズミ」という筒状《つつじょう》のルーペをはさみこみ、ピンセットを

右目にキズミをはさみ、小さな部品の不具合を見つけだす。

にぎりました。そして、部品を慎重《しんちょう》にひとつずつ外しながら、機械式時計の故障《こしょう》の原因《げんいん》を探《さが》しはじめます。

間もなく松浦《まつうら》さんは、部品の動きを次の部品に伝える歯車の動きが、にぶいことに気づきました。よく見ると、歯車には古い油がかたまってこびりついています。松浦《まつうら》さんは、その油が抵抗《ていこう》となって、正常《せいじょう》な動きをさまたげているのだと判断《はんだん》しました。

歯車と、そこに連結している部品をばらばらにして洗浄液《せんじょうえき》にひたします。そして小さなハケをつかって、こびりついたよごれをていねいに落としていきます。

部品がきれいになると、こんどはもとどお

りに組み立て直しです。

依頼《いらい》される修理品《しゅうりひん》は一つひとつ構造《こうぞう》が異《こと》なり、設計図《せっけいず》などもありません。松浦《まつうら》さんは、修理《しゅうり》のために分解《ぶんかい》をするとき、その時計のしくみや構造《こうぞう》をすべて記憶《きおく》します。そして、その記憶《きおく》をたよりにもとどおりに組み直していくのです。

組み立て直した部品を文字盤《もじばん》の裏《うら》にはめこみます。

松浦《まつうら》さんが時計を静かに作業台の上におくと、時計の針《はり》は正確《せいかく》に時をきざみはじめました。

「よっしゃ」

松浦《まつうら》さん、納得《なっとく》の一声で、この時計の修理《しゅうり》を完了《かんりょう》させました。

＊　＊　＊

さらにむずかしい修理《しゅうり》もあります。

ある日松浦《まつうら》さんは、機械式時計の修理《しゅうり》をはじめました。

機械式時計は、ゼンマイだけでは巻《ま》かれた分が一気にもとにもどってしまい、すぐに動きが止まってしまいます。長時間、1秒ずつ正確《せいかく》に時計を動かすためには、もとにもどろうとするゼンマイを途中《とちゅう》で止めて、一定のリズムで針《はり》を進ませるためのしくみが必要です。その中の重要な部品がヒゲゼンマイという小さなバネです。

うすい金属《きんぞく》が蚊《か》とり線香《せんこう》のような形にうずを巻《ま》いていて、直径はわずか5ミリ。このヒゲゼンマイが、正確《せいかく》に同じリズムでのび縮《ち》みして、連結しているふりこ部分を左右均等《きんとう》に動かし続けます。この反復《はんぷく》運動が、動力であるゼンマイがいっぺんに巻《ま》きもどってしまわないように、時計の動きをコントロールしているのです。ヒゲゼンマイは、時計を正確《せいかく》に動かす心臓部《しんぞうぶ》といえます。

松浦《まつうら》さんが修理《しゅうり》を依頼《いらい》された時計は、このヒゲゼンマイに小さな不具合がありました。うずの形が微妙《びみょう》にゆがみ、中心がわずかに上にずれてしまっています。そのために、正確《せいかく》な1秒をきざむことができなくなっていたのです。

1秒に対して、500分の1秒ずれたとします。わずかなずれです。しかし、毎秒500分の1秒ずつずれていくと、1日で約3分のずれが生まれることになります。時計は、ほんのわずかなずれもゆるされない機械なのです。

直径５ミリのヒゲゼンマイ。左が正常《せいじょう》なヒゲゼンマイで、右はうずがゆがんで中心がずれているヒゲゼンマイ。微妙《びみょう》なゆがみでも、正確《せいかく》な時をきざめない。

松浦《まつうら》さんは、ヒゲゼンマイのゆがみの調整をはじめました。

うす細い金属《きんぞく》でできたヒゲゼンマイをピンセットでつかみ、直径5ミリの円の形を慎重《しんちょう》にととのえていきます。

古い時計のため、かえの部品は手に入りません。

もし、修理中《しゅうりちゅう》に部品を傷《きず》つけたりこわしたりしたら、この時計は二度と動かなくなってしまいます。

背中《せなか》を丸めて作業台に顔を近づけ、息を止めるように指先に神経《しんけい》を集中させる松浦《まつうら》さん。こんな作業をしているときは、周囲で人が動く気配さえさまたげになります。

きびしい表情《ひょうじょう》の松浦《まつうら》さんの作業場には、だれも近づかず、何の音もしません。絵の中のように何も動かない作業場。松浦《まつうら》さんのルーペの中で、ピンセットの先だけがわずかに動きます。

ヒゲゼンマイの修理《しゅうり》のような神経《しんけい》をすりへらす仕事を、たいていの職人《しょくにん》はいやがります。しかし松浦《まつうら》さんは、おそれずに、こうしたむずかしい仕事を引き受けます。

しんどい道を行く

むずかしい仕事はつかれます。しかし、つかれることから逃《に》げていたら、直る可《か》能性《のうせい》のある時計も直すことができません。

松浦《まつうら》さんは、直して欲《ほ》しいと望む人がいるなら、どんな時計でも直したいと思っています。そのためには、苦労して大変な作業をするしかないと覚悟《かくご》しているのです。直したいという気持ちからけっして逃《に》げません。

ヒゲゼンマイの形がきれいにととのい、中心の位置が正されて、正確《せいかく》で均等《きんとう》な動きがよみがえりました。

部品をもとどおりに組み合わせ直していき、最後に文字盤《もじばん》と合体させます。

スムーズに秒針《びょうしん》が回りはじめ、腕時計《うでどけい》がみごとに息を吹《ふ》き返《かえ》しました。緊張《きんちょう》から解放《かいほう》された松浦《まつうら》さんも、いつものおだやかで気さくな笑顔にもどって言います。

「やっぱり、時計が元気になったいうのはほんまに気持ちがええですよ。これがあるけん、続けられるんよね」

時計を動かす職人松浦《しょくにんまつうら》さんは、同時に時計に動かされているのかもしれません。

＊ ✱ ＊

時計の修理《しゅうり》にとりかかる前に、松浦《まつうら》さんが欠かさない大切な仕事があります。

それは、時計にそえられてくる、依頼主《いらいぬし》からの手紙をていねいに読むこと。

その時計をつかっているのはどんな人か、だれかからもらった物なのか、何かの記念なのか、いつ頃《ごろ》からつかっているのか。そんな時計と依頼主《いらいぬし》との物語を、くわしく知ろうとします。

手紙の内容《ないよう》は、技術的《ぎじゅつてき》な面で言えば、時計の修理《しゅうり》に必要な情報《じょうほう》ではありません。

修理《しゅうり》の前に時計にそえられていた手紙を読む松浦《まつうら》さん。

しかし松浦《まつうら》さんは、依頼主《いらいぬし》のその時計に対する思いを知りたいと思うのです。

思いを力にする

依頼主《いらいぬし》は、時計に対して一人ひとりそれぞれにちがう思いをもっています。時計といっしょにそうした思いも預《あず》かっているのだという意識《いしき》が、松浦《まつうら》さんをふるいたたせます。依頼主《いらいぬし》の時計への思いが手紙を読んでもわからないときは、直接《ちょくせつ》電話で問いあわせます。

依頼主《いらいぬし》の気持ちに寄《よ》りそったとき、松浦《まつうら》さんにとっても、その時計はかけがえのない物になるのです。

そして、「なんとかして直そう」「もとどおりに動かして返そう」という意欲《いよく》がみなぎるのです。

✴意地っぱりの時計屋

松浦《まつうら》さんが大崎下島《おおさきしもじま》の新光《しんこう》時計店に生まれたのは、太平洋《たいへいよう》戦争中の昭和《しょうわ》19年のことでした。

生まれつき手先が器用で、とびきりの負けずぎらい。そんな松浦《まつうら》さんに、時計職人《しょくにん》としての才能《さいのう》があることを見ぬいたのは、おじいさんの哲次《てつじ》さんです。新光《しんこう》時計店2代目店主だった哲次《てつじ》さんは、県外からも弟子入りの希望者がやってくるほどの腕《うで》ききの時計職人《しょくにん》でした。

哲次《てつじ》さんは、小学生の松浦《まつうら》さんを弟子たちの中にまぜて、時計の組み立てや修理《しゅうり》を教えはじめました。すると松浦《まつうら》さんは、みるみる仕事をおぼえ、中学生のときには弟子の中でいちばんの腕前《うでまえ》になってしまいました。時計の仕事に夢中《むちゅう》になった松浦《まつうら》さん、将来《しょうらい》は店を継《つ》いで、自分の腕《うで》を生かそうと夢《ゆめ》をふくらませます。

腕《うで》ききの時計職人《しょくにん》だった、新光《しんこう》時計店２代目の松浦哲次《まつうらてつじ》さん。

しかし、高校を卒業する頃《ころ》、その夢《ゆめ》に影《かげ》がさしはじめました。

昭和《しょうわ》30年代、広島《ひろしま》で自動車産業が急速に発《はっ》展《てん》。景気のよい広島《ひろしま》へ移《うつ》るため、島の住民は次々《つぎつぎ》に島をでて行き、島はどんどんさびしくなっていったのです。

人のへり続ける島にのこれば、時計店の売上げもへり、いずれ生活がなりたたなくなる。そう考えた松浦《まつうら》さんは、島をでて働いたほうがよいのだろうかと迷《まよ》いはじめました。

そんなとき、哲次《てつじ》さんがガンでたおれてしまいます。お見まいに行った松浦《まつうら》さんに、哲《てつ》次《じ》さんは言いました。

「おれはもう先がないから、店をたのむ」

そして、それが哲次《てつじ》さんとの別れになってしまいました。

松浦《まつうら》さんの胸《むね》に、哲次《てつじ》さんの最期の言葉が深くきざみこまれました。哲次《てつじ》さんの願いを無視《むし》することは、とてもできません。松浦《まつうら》さんは迷《まよ》いを捨《す》て、島にのこってお店を継《つ》ぐことを決意しました。

しかし、時代の変化は松浦《まつうら》さんの想像《そうぞう》を超《こ》えて速く、劇的《げきてき》なものでした。

昭和《しょうわ》50年代に入ると、価格《かかく》の安い電池式の時計が普及《ふきゅう》しはじめます。時計は、高い修理代《しゅうりだい》をはらってまでつかい続けるものではなく、つかい捨《す》てるものになっていったのです。

松浦《まつうら》さんは、島内だけでなく、瀬戸内海《せとないかい》の島も回って修理《しゅうり》の注文を集めましたが、収入《しゅうにゅう》は年々《ねんねん》へっていきました。生活費を切りつめるため、家の中の電化製品《せいひん》などはなんでも直してつかい、食べ物も自分の畑でつくりました。

生活の苦しさもつらいものでしたが、それ以上に松浦《まつうら》さんの心を暗くしていたのは、自分の時計職人《しょくにん》としての腕《うで》が、もう必要とされていないという現実《げんじつ》でした。すぐれた技術《ぎじゅつ》があるのに、それを提供《ていきょう》できる相手がいないということが、つらくてたりませんでした。

いらだつ松浦《まつうら》さんは気むずかしくなります。

そんな松浦《まつうら》さんを、家族はそっと見守りささえていました。時代の波にのみこまれそうになりながら、松浦《まつうら》さんがけっしてあきらめず、必死で仕事を守ろうとしているのがわかっていたからです。

きびしい暮《く》らしが20年続きました。松浦《まつうら》さんは苦しみながらも、時計の仕事を投げだしませんでした。

松浦《まつうら》さんが50歳《さい》になった年、ある雑誌《ざっし》で、大崎下島《おおさきしもじま》の風情《ふぜい》ある街並《まちな》みが特集されました。その中で、松浦《まつうら》さんの仕事もとり上げられて記事になります。するとその後、全国各地から、ぽつりぽつりと、修理《しゅうり》の依頼《いらい》がくるようになりました。

送られてくるのは、ほかの時計店が断《ことわ》った、むずかしい修理《しゅうり》の必要な時計ばかりです。松浦《まつうら》さんは、そんなむずかしい仕事をていねいに、こつこつとこなしていきました。そうした仕事のうわさが次第に広まり、さらに修理《しゅうり》の依頼《いらい》が増《ふ》えていきました。

そして10年ほどがすぎた頃《ころ》、ひとりのお客さんから修理《しゅうり》のお礼の手紙が届《とど》きました。なにげなく読みはじめた松浦《まつうら》さんは、その手紙に書かれていたことばに胸《むね》を打たれました。

〈失われていた25年間をとりもどしたような思いです。わたしの心の時間の修復《しゅうふく》をしてもらったような気がするのです〉

心の時間の修復《しゅうふく》

松浦《まつうら》さんは、このお客さんのことばに救われたような気がしました。

時計を直すことで、その人の心も元気にすることができたということを知り、この仕事を続けてきてよかったと心から思ったのです。一度は、だれの役にも立たなくなってしまったと感じた自分の技術《ぎじゅつ》が、だれかの大切な時計をよみがえらせ、そしてその人の心にも届《とど》いたということが、松浦《まつうら》さんを幸せな気持ちにさせてくれました。

これまでの苦労が、すべて報《むく》われたような気がしました。

島をでる思いを封印《ふういん》し、この島で時計店を続けてきてよかった。

島にのこったこと。時計の仕事をあきらめなかったこと。職人《しょくにん》としての意地をはりとおして選んだ道は、まちがっていなかったと松浦《まつうら》さんは思っています。そして、あらためて、修理《しゅうり》の仕事ができる幸せを感じます。

「棺桶《かんおけ》には、ピンセットをもったまま入れて欲《ほ》しいくらい」

意地っぱりの職人《しょくにん》は、そんな冗談《じょうだん》を言って笑いました。

✳止まった「時」を動かす

松浦《まつうら》さんのところに、また修理《しゅうり》の依頼《いらい》が届《とど》きました。

大阪府《おおさか》に住む男性《だんせい》、天見《あまみ》さんから送られてきた、40年前のスイス製腕時計《せいうでどけい》です。しかし、時計にそえられていた短い手紙の最後の一文を読んだ松浦《まつうら》さんは、首をかしげました。

〈直らないときは、捨《す》てていただいてかまいません〉

松浦《まつうら》さんのところに送られてくるのは、ほとんどが、持ち主にとって特別な思い入れのある大切な時計です。〝直らなかったら捨《す》ててくれ〟という人はあまりいません。小さな島の時計店に送ってくるのだから、大切にしているものにちがいないのに、捨《す》ててもいいというのはいったいどういうことなのか？

松浦《まつうら》さんには、天見《あまみ》さんの気持ちをうまく想像《そうぞう》することができませんでした。とりあえず時計の状態《じょうたい》を見てみようと、作業台の上で分解《ぶんかい》にとりかかった松浦《まつうら》さん。ところが、時計の裏《うら》ぶたがひらきません。ふたとケースとのあいだがさびついて、くっついてしまっているのです。おそらく、そうとう長い時間放置されていたのだと想像《そうぞう》できました。

ふたがあけられなければ修理《しゅうり》はできません。松浦《まつうら》さんは、修理《しゅうり》を断《ことわ》ろうかとも思

さびついていて、裏側《うらがわ》のふたをあけることもできなかった天見《あまみ》さんの時計。

いました。

　でも、何かが気になります。

　そこで松浦《まつうら》さんは、天見《あまみ》さんのところに電話をかけてみることにしました。

「もしもし、新光《しんこう》時計店ですが。こんにちは」

　電話にでたのは天見《あまみ》さんの奥《おく》さんでした。

　松浦《まつうら》さんは時計の状態《じょうたい》を説明し、修理《しゅうり》の依頼《いらい》の経緯《けいい》をたずねます。すると、天見《あまみ》さんとその時計に深いきずながあることがわかったのです。

　天見《あまみ》さんは、72歳《さい》。14年前に脳卒中《のうそっちゅう》でたおれて、右半身の自由を失い、いまは毎日つらいリハビリを続けて体の動きをとりもどそうとしていました。

若《わか》い頃《ころ》、会社員として働いていた天見《あまみ》さんは、子どもの頃《ころ》からいだいていた、フラワーショップを開くという夢《ゆめ》をあきらめられず、23歳《さい》のときに会社を退職《たいしょく》。そして、念願のフラワーショップをはじめました。苦労しながら一生懸命《いっしょうけんめい》働き、ようやくお店が順調になってきた頃《ころ》、記念にスイス製《せい》の腕時計《うでどけい》を買いました。以来その時計は、仕事のときも旅行のときもいつもいっしょだった、天見《あまみ》さんの相棒《あいぼう》。天見《あまみ》さんの、夢《ゆめ》を追い続けた人生の時間が、この時計にはきざみこまれていました。

天見《あまみ》さんが病気で動けなくなった頃《ころ》、不思議なことに、この時計も動かなくなってしまいました。天見《あまみ》さんはあらためて、自分と時計との深いつながりを感じ、

(この相棒《あいぼう》がもう一度動きだせば、自分も元気になれる)

と信じるようになりました。

大阪《おおさか》で何軒《なんけん》もの時計店に修理《しゅうり》を依頼《いらい》しましたが、どこにも引き受けてもらえないまま、10年以上がたちました。そして、最後のたのみの綱《つな》として、松浦《まつうら》さんのところに時計を送ってきたのです。

松浦《まつうら》さんに直せなければ、この時計はもう直らない。そしておそらく、自分もも

電話で天見《あまみ》さんの思いを聞き、しっかり受け止める松浦《まつうら》さん。

う動けるようにはならない――。

あの手紙の一文には、天見《あまみ》さんのそんな思いがこもっていました。

事情《じじょう》を聞いた松浦《まつうら》さん、

「それじゃあ、がんばってやってみようね」

と奥《おく》さんに伝え、電話を切りました。

（直さなければならない）

松浦《まつうら》さんの心にそんな思いがみなぎりました。

世の中には、もっと高価《こうか》な時計や立派《りっぱ》な時計もあるでしょう。しかしこの時計の価値《かち》は、天《あま》見《み》さんにとってかけがえのないものです。この時計がもとどおりに動くということは、天見《あまみ》さんにとって特別なことなのです。

なんとかしてもとの姿《すがた》にもどしてあげたい。

松浦《まつうら》さんの心が、試練に立ち向かっている天見《あまみ》さんの思いに寄《よ》りそっていきました。

松浦《まつうら》さんが、修理《しゅうり》にとりかかりました。

さびついてあかなかった裏《うら》ぶたをなんとかあけると、まず、時計の機械本体をケースからとり外す作業です。しかし、外さなければいけないネジもさびてしまっていて、回りません。松浦《まつうら》さんは、ドライバーの先をヤスリで研いでうすくし、ネジ山に深くさしこんで慎重《しんちょう》にネジを回します。ようやくネジが外れました。

ところが、ネジが外れても本体とケースははなれません。これもやはりさびのせいでした。もし、さびが機械を動かすために重要なヒゲゼンマイなどにまでおよんでいれば、松浦《まつうら》さんにもどうすることもできません。

ペンチやうすいヘラをいくつもつかい、なんとか機械本体を外すことに成功した松浦《まつうら》さん。祈《いの》るような気持ちで部品をとりだしていき、時計の心臓部《しんぞうぶ》であるヒゲゼンマイの状態《じょうたい》を確認《かくにん》します。

ヒゲゼンマイは、ゆがんでしまっていましたが、さびてはいませんでした。

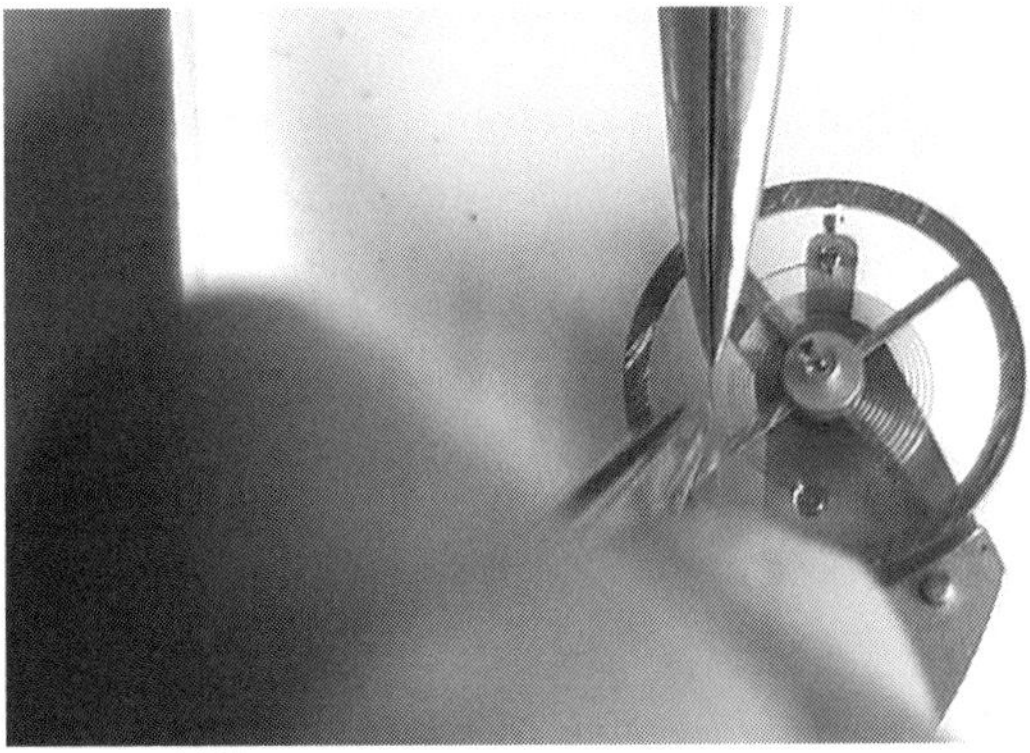

極うすの金属《きんぞく》でできたヒゲゼンマイをピンセットでつかみ、調整する。

（よし、これなら見こみはある）

大きく息をついた松浦《まつうら》さん。いったん席を外して休憩《きゅうけい》です。

ここまでに1時間。

ふつうの修理《しゅうり》の3倍近くの時間がかかりました。かなり力をつかって、しかも繊細《せんさい》な作業を続けたため、体も気持ちもひどく緊張《きんちょう》していました。店先のいすに座《すわ》って、ストーブに当たりながら腕《うで》をもみほぐし、心をしずめます。

30分の休憩《きゅうけい》のあと、作業再開《さいかい》。いよいよ、ヒゲゼンマイの調整にとりかかります。

直径5ミリのヒゲゼンマイの、細い金属《きんぞく》をつまむピンセットの先に、全神経《ぜんしんけい》を集中させる松《まつ》浦《うら》さん。

息を殺すようにして、ゆがみを少しずつ慎重《しんちょう》に直していきます。

きれいな円に修復《しゅうふく》して、ピンセットでふりこ部分を動かしてみると、ヒゲゼンマイは正確《せいかく》な運動をはじめました。

「よっしゃ」

松浦《まつうら》さん、小さいけれど力強い声で、時計が息を吹《ふ》き返《かえ》しつつあるのを確認《かくにん》します。

しかし、まだ気はぬけません。天見《あまみ》さんの時計が止まってしまったのは、機械のあちこちに細かいさびが入ったためだと松浦《まつうら》さんは考えていました。それを完全に落とさなければ、時計はいったん動きだしても、やがてまた止まってしまいます。

細かく点検《てんけん》していくと、やっかいな部品にさびが入りこんでいるのが見つかりました。「筒《つつ》カナ」とよばれる筒状《つつじょう》の小さな歯車で、時計の針《はり》を回す部品です。ここがさびついてまったく動かなくなっていました。

松浦《まつうら》さんは、鉛筆《えんぴつ》のように先のとがったキリで、筒《つつ》カナに機械油をほんの少しずつさし、じょじょに油とさびをなじませます。

そして、だんだんと力を加えて筒《つつ》カナを回し、さびを落としていきます。注意力

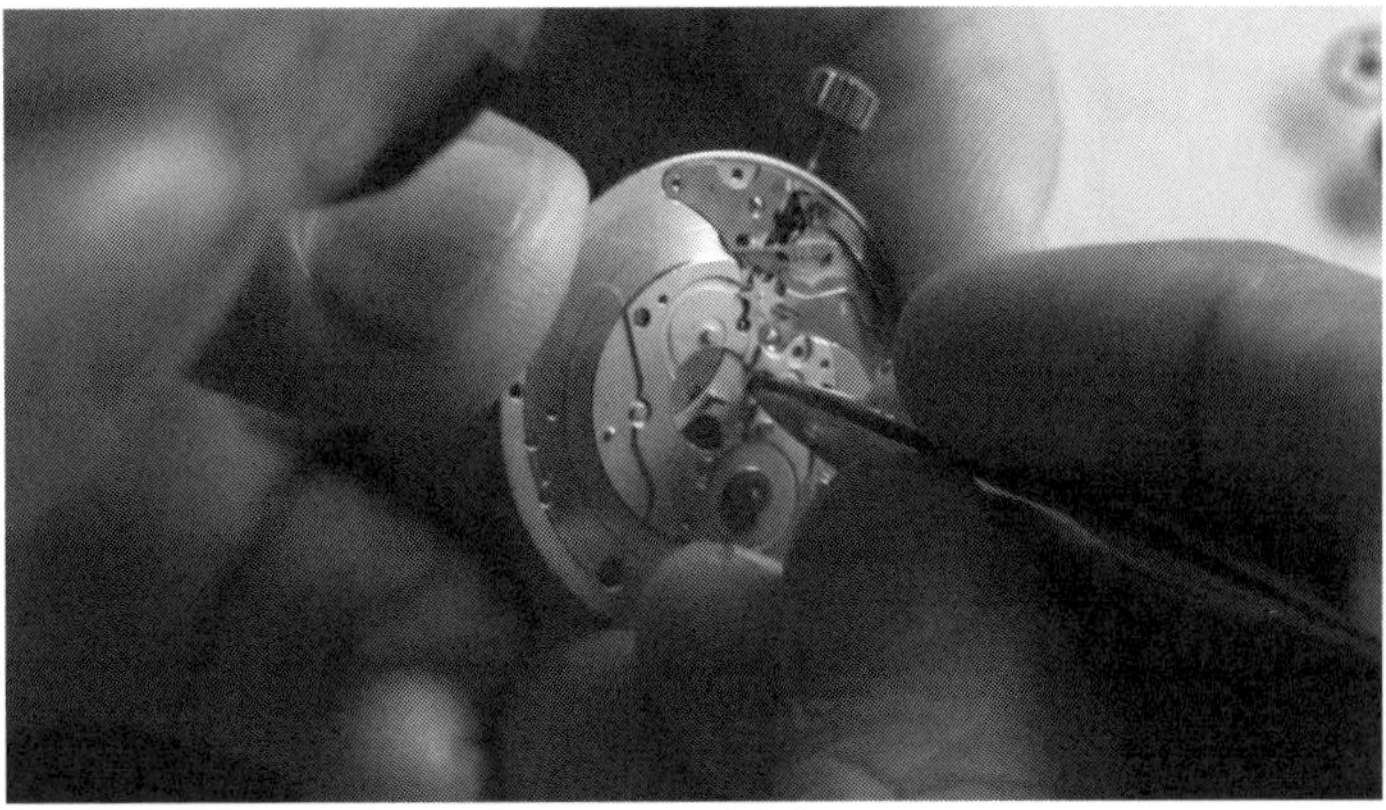
針《はり》を回す役割《やくわり》をしている筒《つつ》カナのさびを慎重《しんちょう》に落とす。

と根気のいる作業。しかし松浦《まつうら》さんは、集中力をとぎれさせません。

松浦《まつうら》さんをささえているのは、この時計と自分を重ねあわせている天見さんに、

「もう絶対《ぜったい》に止まりませんよ」

と言ってこの時計を返してあげたい、という気持ちです。

✳最善《さいぜん》と言える仕事を

持ち主の思いのこもった時計に対して松浦《まつうら》さんは、「少しはよくなった」「とりあえず動けばいい」というような中途半端《ちゅうとはんぱ》な仕事をしません。自分にできるかぎりの手をつくし、

最高の仕事をするのが松浦《まつうら》さんの流儀《りゅうぎ》です。小さな部品の一つひとつ、そこに生じている問題の一つひとつに、誠意《せいい》をもって向き合い、修理《しゅうり》をします。そして、時計を最高の状態《じょうたい》にして持ち主に返すのです。

リハビリで自分の体と戦っている天見《あまみ》さんといっしょに、松浦《まつうら》さんも自分の仕事の限界《げんかい》に挑《いど》んでいました。

修理《しゅうり》開始から6時間。筒《つつ》カナがなめらかに回りはじめました。

「よっしゃ、これでええ。助かるぞ」

緊張《きんちょう》していた松浦《まつうら》さんの表情《ひょうじょう》に、自信がのぞきます。

すべての部品を組み立て直し、機械本体をケースにおさめます。作業台の上におかれた天見《あまみ》さんの相棒《あいぼう》は、14年の眠《ねむ》りから覚め、力強く1秒ずつ時をきざみはじめました。

「よっしゃ、これでええ」

松浦《まつうら》さんは、もう一度そう言いました。

生き返った時計を手首に巻《ま》く天見《あまみ》さん。

1週間後、大阪《おおさか》の天見《あまみ》さんのもとに、修理《しゅうり》済《ず》みの腕時計《うでどけい》が届《とど》けられました。箱の中から出てきた相棒《あいぼう》の時計は、昔のように元気に動き、輝《かがや》いています。天見《あまみ》さんの表情《ひょうじょう》が、ぱっと明るくなりました。奥《おく》さんが腕時計《うでどけい》を天見《あまみ》さんの手首に巻《ま》き、

「時計が生き返りましたよ。あなたも、生き返ってくださいよ」

とはげますと、天見《あまみ》さんは、

「生き返りますよ。元気になりますよ。絶対《ぜったい》や」

と、時計を見つめます。

なつかしいその感触《かんしょく》にうれしそうに笑い、その腕《うで》を上げてガッツポーズをしてみ

せる天見《あまみ》さん。

相棒《あいぼう》との再会《さいかい》に、心にも体にも力がみなぎっているようでした。

その頃《ころ》、大崎下島《おおさきしもじま》の新光《しんこう》時計店には、また、こわれた時計がもちこまれていました。松浦《まつうら》さんが、その時計と持ち主の物語に耳をかたむけています。

持ち主のそれぞれの思いのこもった時計。とびきりの腕《うで》をもった職人《しょくにん》松浦《まつうら》さんは、とびきりの心で今日も時計を直します。そうして、人々《ひとびと》の絶《た》えることのない人生の時の流れをつないでいくのです。

プロフェッショナルとは

一つひとつの時計と、きちんと
向き合い、誠《せい》心《しん》誠《せい》意《い》対《たい》応《おう》する。
当たり前のことですが、それをこなすのが、
プロフェッショナルじゃないかと思います。

第267回2014年6月8日放送

こんなところがプロフェッショナル！

時計の修理《しゅうり》で全国に名を知られる、松浦敬一《まつうらけいいち》さん。
こんなところがすごいよ。

開店準備《じゅんび》は朝の6時半から

新光《しんこう》時計店はほぼ年中無休。松浦《まつうら》さんはお盆《ぼん》もお正月も1日も休みません。しかも朝の6時半に開店の準備《じゅんび》をはじめます。島の人が、朝一番で時計をもちこめるよう、松浦《まつうら》さんは毎朝6時半にはお店をあけておくのです。

どんな時計でも記憶《きおく》する

時計は種類によって、中身の構《こう》造《ぞう》がちがいます。設計図《せっけいず》もありません。松浦《まつうら》さんは、たとえどんな時計でも、分解《ぶんかい》しながらその時計の構造《こうぞう》を記憶《きおく》し、修理《しゅうり》が終わるともとどおりに組み上げていくことができるのです。

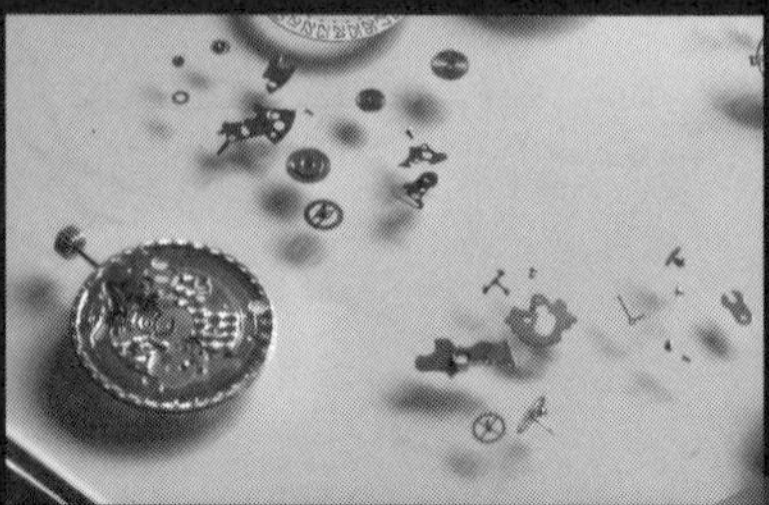

修理《しゅうり》は1年から半年待ち

松浦《まつうら》さんの時計店には、全国から年間300ものこわれた時計が送られてきます。長男の光司《こうじ》さんが修理《しゅうり》を手伝っても、半年から1年待ちの状態《じょうたい》です。松浦《まつうら》さんは、その時計の物語に寄《よ》りそいながら、ひとつずつていねいに修理《しゅうり》をするのです。

つかえるものは大切につかう

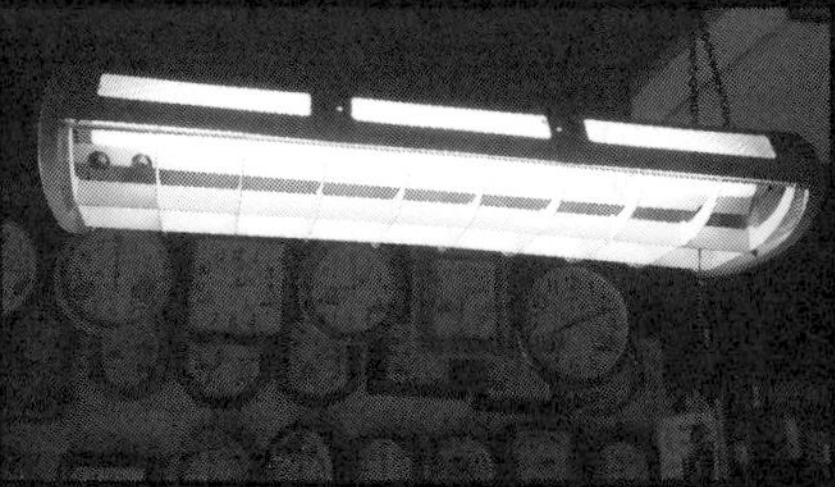

「つかえるものはつかう」という松浦《まつうら》さん。古いものでも直せるものは修理《しゅうり》してつかいます。照明器具は、松浦《まつうら》さんが小学校4年生のときからつかっているもの。仕事でも生活でも、ものを大切にしている心は同じです。

プロフェッショナルの格《かく》言《げん》

すご腕《うで》の時計職人《しょくにん》、松浦敬一《まつうらけいいち》さんのことばを心にきざもう。

一つひとつの時計に、誠心《せいしん》誠意《せいい》つくす

「一つひとつの時計に、ぬけめないように、誠心誠意《せいしんせいい》つくす」これが松浦《まつうら》さんの信念です。どんな時計でも、つねに最善《さいぜん》をつくす。いつでも最高の技術《ぎじゅつ》と集中力を発揮《はっき》できるよう、日々《ひび》つとめています。

しんどいほうへいかんと

「みんなしんどい仕事は逃《に》げようとするからね。それを可能《かのう》にするなら、どうしてもしんどいほうにいかんと」と松浦《まつうら》さん。ほかの職人《しょくにん》があきらめたものを直すには、しんどい作業をするしかないと思っています。

依頼者《いらいしゃ》の気持ちをいちばんだいじに

「時計そのものより依頼者《いらいしゃ》の気持ちをいちばんだいじにする。そうすると直すのも力が入る。それが応援《おうえん》してくれる」という松《まつ》浦《うら》さん。持ち主を想像《そうぞう》し、その思いを知ることが、松浦《まつうら》さんの原動力なのです。

天職《てんしょく》は、生涯《しょうがい》をかけて全うせよ

うなぎ職人《しょくにん》

金本兼次郎《かねもとかねじろう》

日本の伝統食《でんとうしょく》として知られる、うなぎ。
200年の歴史を誇《ほこ》る老舗《しにせ》のうなぎ屋で、その味を守る職人《しょくにん》がいる。
90歳《さい》で現役《げんえき》。
「裂《さ》き3年、串打《くしう》ち3年、焼き一生」と言われるうなぎの修業《しゅぎょう》だが、
職人《しょくにん》はそのことばどおり、ひたむきにうなぎに向き合い続け、
いまなお向上心を燃《も》やし続けている。
職人《しょくにん》がみがきにみがいた技《わざ》で焼くうなぎは、黄金色に輝《かがや》き、
「あんなに美しい蒲焼《かばや》きは見たことがない」と絶賛《ぜっさん》される。
その味はどんな技《わざ》によって生みだされるのだろうか？
変化のはげしい時代の中で、伝統《でんとう》の味を守り続けるために
職人《しょくにん》はどのような道を歩んだのだろうか？

✳生涯《しょうがい》をかけて

東京都港区東麻布《とうきょうとみなとくひがしあざぶ》。観光客でにぎわう東京《とうきょう》タワーのすぐ近くに、「野田岩《のだいわ》」というなぎのお店があります。野田岩《のだいわ》は江戸《えど》時代創業《そうぎょう》の名店。味にうるさい江戸《えど》っ子《こ》のお気に入りとして知られたお店で、現在《げんざい》まで200年近くものあいだ、東京《とうきょう》で営《えい》業《ぎょう》を続けています。

この野田岩《のだいわ》の歴史と伝統《でんとう》を守るのは、5代目店主、金本兼次郎《かねもとかねじろう》さん。金本《かねもと》さんは、うなぎひと筋《すじ》70年の大ベテラン。すぐれた技術者《ぎじゅつしゃ》を表彰《ひょうしょう》する「現代《げんだい》の名工」に、うなぎ職人《しょくにん》としてはじめて選ばれたほどの名人で、90歳《さい》になっても現《げん》役《えき》の職人《しょくにん》として毎日調理場に立っています。

金本《かねもと》さんの1日は、早朝4時にはじまります。おきるとすぐに白衣に着がえ、自宅《じたく》の下にあるお店へ。ゆっくりだけれど確《たし》かな足取りで調理場に入り、すでに準備《じゅんび》をはじめているお弟子さんたちに、「おはよう」

写真：五代目野田岩 麻布飯倉本店

江戸《えど》時代から続く老舗《しにせ》「野田岩《のだいわ》」の本店。

と声をかけます。

調理場には、その日つかううなぎが運びこまれています。その数は300匹《ぴき》以上。

天然のうなぎはなかなか手に入らないので、大半が養殖《ようしょく》されたものですが、よく太ってつやつやしたうなぎが、たるの中で元気に動いています。

うなぎ料理でもっとも一般的《いっぱんてき》なのは、蒲焼《かばや》きです。うなぎの蒲焼《かばや》きの調理法は関《かん》東《とう》地方と関西《かんさい》地方でちがいがありますが、野田岩《のだいわ》の蒲焼《かばや》きは関東風《かんとうふう》。

調理は、生のうなぎをさばく「裂《さ》き」からはじまります。関西《かんさい》では腹《はら》から裂《さ》きますが、関東《かんとう》では背《せ》から裂《さ》きます。

包丁でうなぎの身をたいらに開きますが、うなぎの身は長細くてすべりやすく、しかも生きたままなので動きます。ほかの魚をさばくのとは異《こと》なる、特殊《とくしゅ》な技術《ぎじゅつ》が必要です。

金本《かねもと》さんの裂《さ》きがはじまりました。

まな板の上にうなぎを目打ちで固定して、背中《せなか》を一気に切《き》り裂《さ》き、そこから身をたいらに開くと、ななめに寝《ね》かせた包丁をすべらせ、長い背骨《せぼね》をするするとはぎとります。内臓《ないぞう》を手早くとりのぞき、身の縁《ふち》にある長いひれを、型でもあるようにきれいに切りとりました。最後に身をふたつに切ってバットに並《なら》べます。

1匹《ぴき》をさばくのに1分もかかりません。うなぎは、裂《さ》きに時間がかかると血が全身にまわって味が落ちてしまいますが、金本《かねもと》さんはこのスピードでうなぎの新鮮《しんせん》なおいしさを保《たも》ちます。

お弟子さんたちが、それぞれの仕事の合間に金本《かねもと》さんの手元に見入ります。食い入るような真剣《しんけん》なまなざし。

こうして一流の技《わざ》を学んでいるのです。

身をたいらに開いたら、その身に串《くし》を刺《さ》す「串打《くしう》ち」をします。

■ うなぎの「裂《さ》き」の手順

うなぎを生きたままさばく「裂《さ》き」。味が落ちないよう、すばやさが重要になる。

1

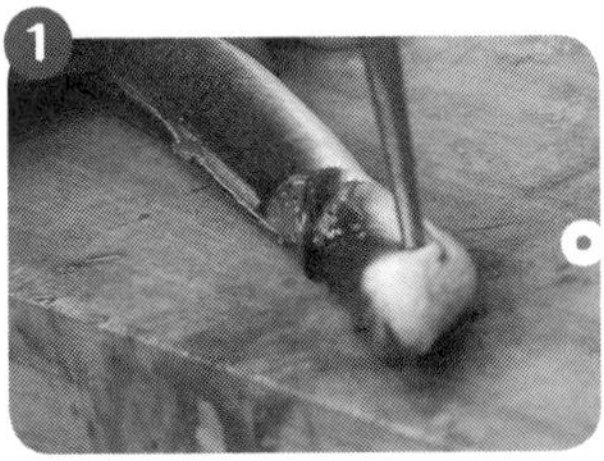

頭に目打ちをさして、まな板に固定する。

2

頭のほうから背側《せがわ》に包丁を入れ、背《せ》にそって一気に尾《お》まで切る。

3

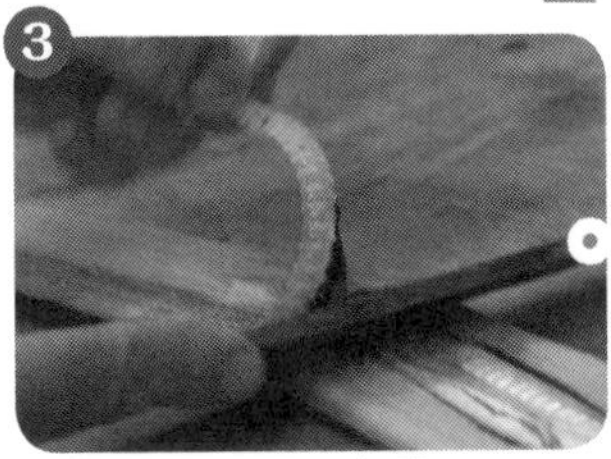

身をたいらに開き、内臓《ないぞう》をとって骨《ほね》を外す。

4

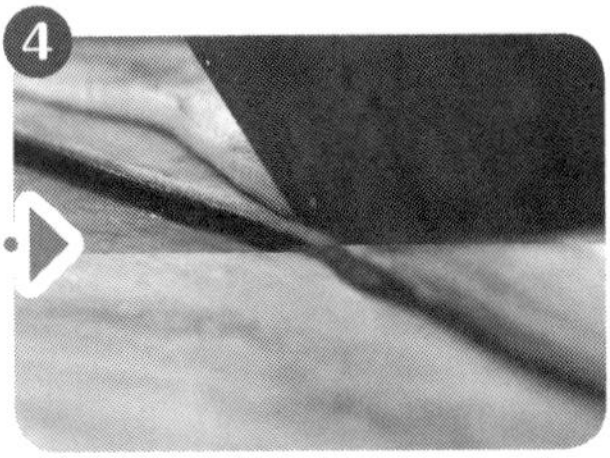

頭を切りはなして、尾《お》ヒレと背《せ》ビレを切りとる。

5

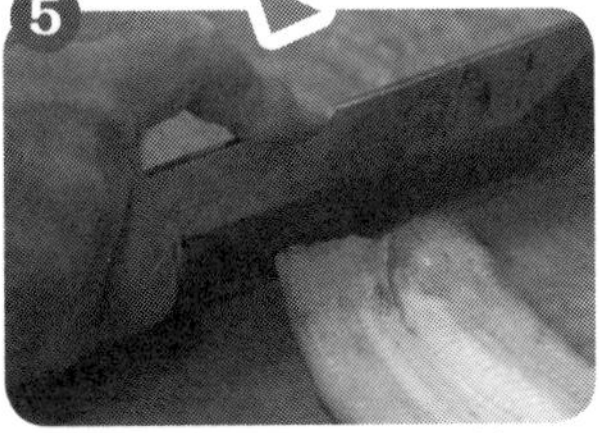

身をふたつに切ってバットに並《なら》べる。

串《くし》は焼くときの持ち手になりますが、焼いたときに身が変形してしまうのを防《ふせ》ぐ役割《やくわり》もあります。串《くし》を打ったときに身に大きな凹凸《おうとつ》ができると焼きむらができてしまうので、どれだけたいらに串《くし》を打てるかが職人《しょくにん》の腕《うで》の見せどころです。

若《わか》いお弟子さんたちが串《くし》を打ちます。金本《かねもと》さんは一人ひとりの串打《くしう》ちを見て、

「打ったら、もとにもどしてごらん」

「もうちょっとつめて。そうしないと身の厚《あつ》みがでないよ」

と、こまかく指導《しどう》します。

こうしてお弟子さんに技《わざ》を伝えながら、お店にだす料理の質《しつ》を万全なものへと高めていくのです。

次は「素焼《すや》き」。

串《くし》を打ったうなぎを炭火で焼きます。強い火で余分《よぶん》な脂《あぶら》を落としますが、こがしてしまっては台なし。微妙《びみょう》な加減《かげん》が必要です。炭火の上におかれたうなぎの表面に脂《あぶら》がにじみでてきて、じりじりと小さく泡立《あわだ》ち、やがて身からしたたり落ちていきます。

金本《かねもと》さんのお店のうなぎは、脂《あぶら》が多すぎないさっぱりした味わいが特徴《とくちょう》です。素《す》焼《や》きの段階《だんかい》で余分《よぶん》な脂《あぶら》をしっかりと落とし、同時に生ぐささの原因《げんいん》になる皮と身のあいだの脂《あぶら》も、素焼《すや》きで完全に焼ききります。

この素焼《すや》きで重要なのが、うなぎを火からはなす「手返し」と、うちわのつかい方です。うなぎをこまめに火からはなし、さらにうちわでうなぎに風を当てて、温度の調整をするのです。こうすることで、うなぎを表面からだけでなく、内側から焼くことができます。

素焼《すや》きしたうなぎを、こんどは蒸《む》します。

沸騰《ふっとう》したお湯の入った鍋《なべ》の上に、せいろとよばれる器をのせ、その中にうなぎを入れて熱い蒸気《じょうき》で熱するのです。こうして火をとおしながら、うなぎの身をふっくらとやわらかくします。

蒸《む》し時間は通常《つうじょう》30分程度《ていど》ですが、金本《かねもと》さんは1時間近くじっくりと蒸《む》して、よぶんな脂《あぶら》を落とし、うなぎのやわらかい食感を追求します。

開店前の準備《じゅんび》はここまで。

早朝から約4時間、立ちっぱなしで働いた金本《かねもと》さんは、いったん家にもどって朝食をとります。そして、1時間ほど仮眠《かみん》し、お昼の開店と同時にはじまるもっともだいじな工程《こうてい》、「焼き」に備《そな》えるのです。

お昼の営業《えいぎょう》のはじまる11時、金本《かねもと》さんが調理場にもどりました。白い調理用帽子《ぼうし》をきっちりとかぶり、表情《ひょうじょう》があらたまります。

いよいよ最後の工程《こうてい》「焼き」。

うなぎにタレをつけて焼きます。タレをつけては炭火で焼くことを数回くり返し、焼き上げていきます。この焼きの加減《かげん》がとてもむずかしいため、うなぎの修業《しゅぎょう》は「裂《さ》き3年、串打《くしう》ち3年、焼き一生」と言われます。焼きの技術《ぎじゅつ》は職人《しょくにん》が一生をかけて追求していくものなのです。

金本《かねもと》さんが炭火の前に立ち、お弟子さんに合図をすると、さっき蒸《む》したうなぎが運ばれてきました。しっかりと蒸《む》したうなぎは豆腐《とうふ》のようなやわらかさ。金本《かねもと》さんは、そのうなぎをタレのつぼの中につけるお弟子さんに、

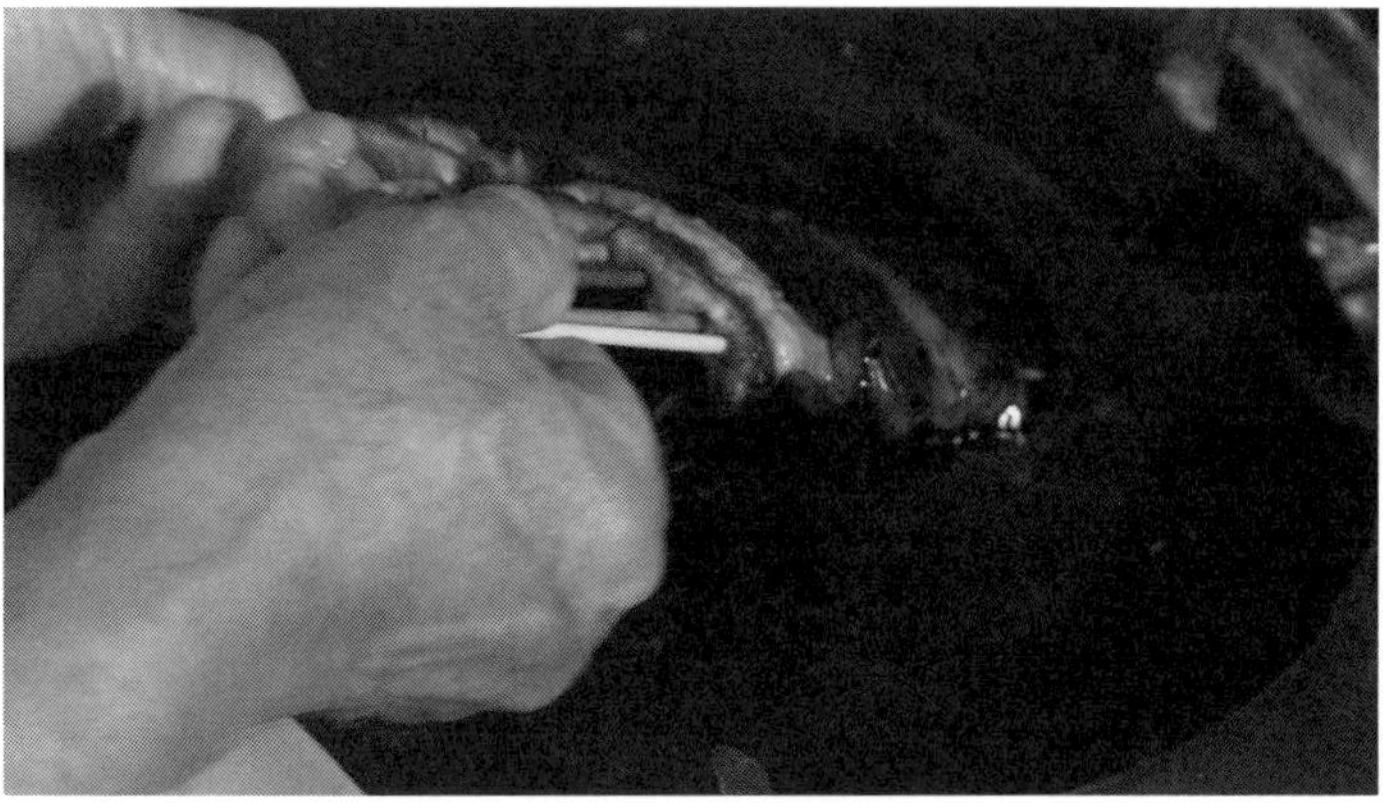

200年近くの歴史をかけて味を深めてきた野田岩《のだいわ》のタレ。

「そーっとだよ、そーっと、そーっと」

と、注意をうながします。

タレは、創業《そうぎょう》以来つぎ足しながらつかってきた大切なもの。戦争中は防空壕《ぼうくうごう》に入れて守りぬきました。しょうゆとみりんだけのさっぱりとした味ですが、そこに焼いたうなぎからでた脂《あぶら》を加えて、代々《だいだい》味を深めてきました。

その秘伝《ひでん》のタレをつけたうなぎを、まるで割《わ》れ物《もの》でもあつかうように慎重《しんちょう》に炭火の上におきます。こうして、タレをつけ炭火で焼くことを4回くり返すのです。

1回目、2回目ではまだ美しい色がでません。3回目、4回目でだんだんとよい焼き色と照りがついてきます。

黄金色の照りがでるタイミングが、最高の風味となる。

わずかでも表面がこげれば、うなぎの繊細《せんさい》な風味がそこなわれてしまいます。こげる寸《すん》前《ぜん》の最高の風味となる黄金色のタイミングをねらう真剣《しんけん》勝負。

金本《かねもと》さんは、炭の上におかれたうなぎに全《ぜん》神経《しんけい》を集中させ、うちわであおいでやわらかく風を送り、なんどもうなぎを火からはなしたりもどしたりしながら、最高の一瞬《いっしゅん》をとらえようとしています。

この焼きの秘訣《ひけつ》について、金本《かねもと》さんはこんなふうに話します。

「自分の感性《かんせい》で焼いていく。火鉢《ひばち》の上の格闘《かくとう》。火の強さによってうなぎをおく位置を考えるとか、職人《しょくにん》は微妙《びみょう》なところをどこまでも追求していかなきゃ。そしてそれをお客さんに喜んでもらう。そのために全力投球です」

そして、その「微妙《びみょう》なところ」の追求は、うなぎを火から下ろしたあとにまでおよびます。調理場からお客さんの前に運ばれるまでのあいだに、重箱の中でうなぎがわずかに蒸《む》されることや、その日の天候、湿度《しつど》まで計算に入れ、お客さんのテーブルで最高の状態《じょうたい》になるよう調整して仕上げているのです。

こうした金本《かねもと》さんのこだわりに、お弟子さんたちは日々《ひび》圧倒《あっとう》されています。

「天気によって見え方がちがうことも考えて、お客さんにいちばんきれいに見える焼き色をだすんです。そういうところまで気をつかっている。すごいと思います」

こだわりぬいた最高のうなぎが、お客さんの前に運ばれていきます。

重箱のふたを開けると、美しい黄金色に光るふっくらとしたうなぎが、重箱の長方形をみっしりとすきまなくうめています。

うなぎには、こげひとつ、焼き縮《ちぢ》みひとつありません。完璧《かんぺき》な蒲焼《かばや》きです。

お客さんの口から、

「おお！」

と、おどろきの声があがります。そしてその黄金色のうなぎをひと口食べると、

「最高」

という短いことば。幸せそうな笑顔です。

これが、うなぎひと筋《すじ》70年の金本《かねもと》さんの技《わざ》。しかし、ここまで到達《とうたつ》しても金本《かねもと》さんは満足しません。炭をおく位置はここでいいのか？　うちわをあおぐスピードはこれでいいのか？　もっとうまく焼きたいと思い続け、くふうし続けています。ただの職人《しょくにん》で終わるのではなく、自分だけの職人芸《しょくにんげい》がなくてはいけない。その向上心は、ゆるがない覚悟《かくご》から生まれていました。

生涯《しょうがい》、一職人《しょくにん》として生きる

金本《かねもと》さんは、「焼き一生」という言葉は、職人《しょくにん》は研究をし続けなさい、という教えだと考えています。仕事を続けるかぎり、ゴールはありません。一生修業《しゅぎょう》です。

仕事を単純《たんじゅん》作業にせず、つねに深めようとすること。自分がたどりついた高みをさらに乗りこえて、もっと高いところをめざすこと。そんな自分との格闘《かくとう》こそが職《しょく》

人《にん》の生き方、と覚悟《かくご》している金本《かねもと》さんは、

「『もういいや』と思ったら、きっとそのときが命の終わるときだよ」

と、まつげまで白くなった目を細め、軽やかに笑うのです。


午後5時、野田岩《のだいわ》の夜の営業《えいぎょう》がはじまりました。

食事が中心のお昼の営業《えいぎょう》とちがい、夜はお酒を楽しむお客さんが増《ふ》えます。お客さんのところに運ばれていくのは、意外なことにワインのボトルです。

和食を食べるなら、いっしょに飲むのは日本酒がおいしいというのが一般的《いっぱんてき》。もちろんうなぎも例外ではありません。でも、金本《かねもと》さんのお店では、30年以上前からお客さんにワインもすすめてきました。タレをつけずに焼いたうなぎに白ワインを組み合わせるという、うなぎの新しい楽しみ方を提案《ていあん》してきたのです。

この取り組みをはじめた当初は、長い伝統《でんとう》をほこる老舗《しにせ》にはふさわしくないという批判《ひはん》も受けました。老舗《しにせ》は伝統《でんとう》を守るべきで、それを変えるべきではないという意見が多かったのです。

「志《し》ら焼《やき》」と白ワインをあわせたお店のセットメニュー。

しかし、金本《かねもと》さんは批判《ひはん》をおそれずに挑戦《ちょうせん》をし続けました。なぜなら、金本《かねもと》さんには、伝統《でんとう》というものに対する独自《どくじ》の考え方があったからです。

金本《かねもと》さんにとって伝統《でんとう》とは、ただかかえていればいいだけのものではありません。大切な伝統《でんとう》だからこそ、さびれてしまわないように前に向かっていかなければいけない、と考えているのです。

時代にあわせて伝統《でんとう》を生かす方法を考えること。それこそが老舗《しにせ》の伝統《でんとう》を負った自分の仕事だと、金本《かねもと》さんは信じています。

白ワインとうなぎの組み合わせは、お客さんからは好評《こうひょう》です。

「実にいいですね。こんなに合うものだとは思いませんでした」

白ワインのグラスをかたむけながら、ふんわりとしたうなぎのやさしい風味を味わう。新しいうなぎの楽しみ方に出会い、お客さんは充実《じゅうじつ》したひとときをすごします。

このお客さんの喜びのために、金本《かねもと》さんは日々《ひび》技《わざ》をきわめ、伝統《でんとう》を守り、また乗りこえ、歩んでいるのです。

✳伝統《でんとう》との戦い

創業《そうぎょう》200年の野田岩《のだいわ》にとって、伝統《でんとう》は宝《たから》。しかし金本《かねもと》さんは、長年この伝統《でんとう》の重圧《じゅうあつ》と戦ってきました。

金本《かねもと》さんのお父さんは、野田岩《のだいわ》4代目の勝次郎《かつじろう》さん。うなぎの名人として名を知られた勝次郎《かつじろう》さんは、お客さんに催促《さいそく》されても、納得《なっとく》できないうなぎはけっして出さないと言いきる完璧主義《かんぺきしゅぎ》のがんこな職人《しょくにん》でした。

そんなお父さんのもと、金本《かねもと》さんは小学生の頃《ころ》から修業《しゅぎょう》をはじめました。十代の半ばで太平洋戦争《たいへいようせんそう》がはじまりましたが、もし空襲《くうしゅう》があったら必ず守れと教えられたのは、お店のタレ。先祖伝来《せんぞでんらい》のタレは、家でもっとも大切なもの、命の次に守るべきものとされていました。

そんなふうに、少年時代からうなぎ職人《しょくにん》としての技《わざ》と心得を父からたたきこまれた金本《かねもと》さんは、昭和33年に、野田岩《のだいわ》の5代目としてお店を継《つ》ぎました。当時30歳《さい》。老舗《しにせ》の若《わか》い店主として出発した金本《かねもと》さんですが、やがて時代の変化に巻《ま》きこまれていきます。

お店を継《つ》いで間もなく、川の汚染《おせん》などの影響《えいきょう》で、天然のうなぎが急激《きゅうげき》に少なくなり、手に入れるのがむずかしくなってしまいました。天然ものが手に入らなければ、養殖《ようしょく》のうなぎをつかうしかありませんが、金本《かねもと》さんは養殖《ようしょく》ものをつかう気になれません。

野田岩《のだいわ》は、昔から天然のうなぎしかだしたことがないのが誇《ほこ》りでした。自分の代になって養殖《ようしょく》のうなぎをだすわけにはいかないと考えた金本《かねもと》さんは、天然ものが手に入らない日はお店を閉《し》めると決めました。

しかし、天然うなぎは年々《ねんねん》少なくなり、手に入らない日が増《ふ》えていきます。お店を閉《し》める日はだんだん多くなり、数年後には、1年のうち4か月もお店を閉《し》めなければならなくなりました。

従業員《じゅうぎょういん》たちの前では、「遊んでいればいいさ」と言って、なるべく明るくふるまっていた金本《かねもと》さんですが、心の中は不安とあせりでいっぱいでした。

（この先、うちの店はどうなるのか？）

いても立ってもいられなくなると、ひとりで車に乗り、見つかるはずもない天然うなぎを探《さが》して走り回りました。ひとりになると、

「つらいなあ……」

ということばが、なんども口からでてきます。店を引《ひ》き継《つ》いだばかりの若《わか》い経営者《けいえいしゃ》として、この危機《きき》にどう対処《たいしょ》したらいいのかわからず、途方《とほう》に暮《く》れていたのです。

そんなあるとき、天然のうなぎをたくさん仕入れることができたので、田んぼを借りて、そこでうなぎを保管《ほかん》してみることにしました。手に入るときに天然ものをまとめて仕入れ、自然の状態《じょうたい》で保《たも》てば、まとまった期間お店をあけることができる

と考えての試みでした。

ところが間もなく、田んぼに放した2000匹《びき》もの天然うなぎは、病気でほとんど死んでしまいました。お店の危機《きき》を救う挑戦《ちょうせん》に失敗し、何より、大切なうなぎをたくさん死なせてしまったことがあまりにショックで、涙《なみだ》さえでません。

頭の中は真っ白。金本《かねもと》さんはぼう然としながら、田んぼから死んだうなぎをひき上げます。そして雨の降《ふ》る中、土にひざをつき1匹《ぴき》1匹《ぴき》穴《あな》を掘《ほ》ってうめました。

こうして、何も解決《かいけつ》できないまま8年がすぎました。もはや養殖《ようしょく》うなぎをつかう以外、お店を立て直す方法はありません。

しかし、5代目として店を引き継《つ》いだ自分が、伝統《でんとう》をこわしてしまっていいのか？金本《かねもと》さんは決断《けつだん》できませんでした。

悩《なや》む金本《かねもと》さんは、40歳《さい》のとき、天然うなぎを探《さが》すために香港《ホンコン》へ向かいました。そして、そこではじめて日本以外の「世界」を目の当たりにします。

香港《ホンコン》は中国《ちゅうごく》の都市でありながら、長くイギリスの領地《りょうち》としておさめられた特殊《とくしゅ》な歴史のある街です。東洋と西洋の文化が混《ま》じり合い、次々《つぎつぎ》に新しいものが生まれて

西洋と東洋が混《ま》じり合うエネルギッシュな香港《ホンコン》の街並《まちな》み。

は消えていきます。

通りには近代的なビルと古い小さな店が無《む》造作《ぞうさ》に並《なら》び、街はめまぐるしく変化していました。そして、その変化の中で人々《ひとびと》はたくましく生きています。

そんなエネルギーの満ちあふれる香港《ホンコン》の街の中に立ち、金本《かねもと》さんは思いました。

（自分は、いままで何にしばられていたんだろう？）

お店を継《つ》いで10年。

金本《かねもと》さんは、老舗《しにせ》の伝統《でんとう》や歴史にとらわれてしまっていました。野田岩《のだいわ》はこうでなければいけない、と自分でお店の可能性《かのうせい》を閉《と》じこめてしまっていたのです。

しかし香港《ホンコン》の街の活気にふれ、商売とはそういうものではないと気づきました。もっと自由に店を変えていくやり方を考えよう、と自然に心が開きました。

そもそも、うなぎは庶民《しょみん》の味でした。天然にこだわる必要はなかったのです。それよりは、少しでもおいしく料理し、たくさんのお客さんに喜んでもらうこと。それこそが、職人《しょくにん》である自分の役割《やくわり》だと考えた金本《かねもと》さん。4代続いたしきたりを変え、養殖《ようしょく》のうなぎをお店にだすことにしました。

ただし、養殖《ようしょく》だから味が落ちたとは絶対《ぜったい》に言わせない。

それが、老舗《しにせ》を継《つ》いだ金本《かねもと》さんの意地でした。天然ものにくらべて脂《あぶら》が多い養殖《ようしょく》のうなぎをさっぱり仕上げるために、素焼《すや》きの方法や蒸《む》し時間など、調理の工程《こうてい》を徹底的《てっていてき》に見直しくふうを重ねます。

そうして新しい焼き方でだした養殖《ようしょく》のうなぎを、お客さんは以前と変わらずおいしいと喜んでくれたのです。

この大きな挑戦《ちょうせん》の成功から、金本《かねもと》さんはさらに新しいアイデアにも挑《いど》むようになりました。うなぎに白ワインをあわせる提案《ていあん》も、そうした試みのひとつです。ワインという外国の文化と組み合わせることで、うなぎの新しい楽しみ方を生みだすことができました。

金本《かねもと》さんは確信《かくしん》しました。

伝統《でんとう》は、変化を積み重ねた先に生まれる

伝統《でんとう》は守らなければなりません。しかし、伝統《でんとう》を守るために変えていかなければならないものもあります。老舗《しにせ》を守る者には変える勇気も必要だということを、金《かね》本《もと》さんは身をもって知ったのです。

守る責任《せきにん》、変える責任《せきにん》。

金本《かねもと》さんはその重みを背負《せお》って、日々《ひび》調理場に立っています。

✳70回目の夏

日本には、暑さのもっともきびしいときに栄養の豊富《ほうふ》なうなぎを食べる「土用《どよう》う

なぎ」の風習があります。立秋の前の18日間が夏の「土用《どよう》」にあたり、この頃《ころ》が、うなぎがもっともたくさん食べられる時期です。

金本《かねもと》さんの野田岩《のだいわ》も、この土用《どよう》の時期がかきいれどきでいそがしくなります。しかし、その土用《どよう》をひかえて、金本《かねもと》さんには深刻《しんこく》な心配ごとがありました。

うなぎの稚魚《ちぎょ》であるシラスウナギがひどい不漁で、養殖《ようしょく》うなぎの値段《ねだん》がとても高くなっていたのです。そのうえ、もともと数が少ない天然のうなぎも、福島《ふくしま》第一原子力発電所の事故《じこ》のあと、放射性物質《ほうしゃせいぶっしつ》が検出《けんしゅつ》された地域《ちいき》があったために、ますます数がへってしまっていました。

うなぎをあつかうお店にとって、状況《じょうきょう》は年々《ねんねん》きびしくなっていました。同業者がうなぎ屋をやめてしまったといううわさもいくつか耳に入っています。金本《かねもと》さんにとって、職人《しょくにん》になって70回目の夏は、険《けわ》しいものになりそうでした。

そんな金本《かねもと》さんには、もっともいそがしくなる時期を前に、どうしても会っておきたい人がいました。フランスのワイン醸造家《じょうぞうか》、ドミニク・ラフォンさんです。

ラフォンさんは世界的に有名なワイン造《づく》りの名人。金本《かねもと》さんは8年前にラフォンさんと出会って、そのワインにほれこみ、以来、お店でもラフォンさんのワインをだし続けていました。

ラフォンさんは、フランスのワイン造《づく》りの伝統《でんとう》を受《う》け継《つ》ぐ若《わか》い職人《しょくにん》です。国も分野も年齢《ねんれい》もちがいますが、金本《かねもと》さんは、ラフォンさんと自分の仕事に共通するものを感じ、信頼《しんらい》を寄《よ》せていました。きびしい夏を前に、金本《かねもと》さんはラフォンさんに会って、仕事への気持ちをふるいたたせたいと思っていたのです。

フランス東部のブルゴーニュ地方に、ラフォンさんを訪《たず》ねた金本《かねもと》さん。再会《さいかい》を喜び合い、さっそく、ラフォンさんがつくったとっておきのワインを楽しみます。

その後、ラフォンさんは金本《かねもと》さんをブドウ畑へ案内してくれました。ラフォンさんの畑は、農薬や化学肥料《ひりょう》をいっさいつかっていません。ラフォンさんは、従来《じゅうらい》のブドウ栽培《さいばい》を一から見直し、自分なりの方法で畑を管理していました。

ラフォンさんが守らなければいけないのは、おじいさんやお父さんから受《う》け継《つ》いだ土。150年受《う》け継《つ》がれてきた伝統《でんとう》の土を守るために、ラフォンさんは土のあつかい方を大胆《だいたん》に変化させているのです。

ラフォンさんのブドウ畑。150年の伝統《でんとう》ある土でブドウを栽培《さいばい》する。

金本《かねもと》さんとラフォンさんは、ブドウの葉が美しく茂《しげ》る畑で、ワインを味わいながら伝統《でんとう》について話し合いました。ラフォンさんは、

「伝統《でんとう》とは、昔のまま変わらないことではありません。伝統《でんとう》は、新たな知識《ちしき》や考え方をとり入れることで、よりよいものになるのだと思います」

と言います。金本《かねもと》さんはうなずきました。

「昔から伝わってきた基礎《きそ》はしっかり守って、そのうえで、時代にあわせて少しずつ変化していくということですよね」

金本《かねもと》さんの考えとラフォンさんの信念は、ぴったり重なっていました。そのラフォンさんの生き生きした姿《すがた》を見ると、金本《かねもと》さんは、

自分の仕事や生き方に自信がもてました。

（自分もこのすぐれた若《わか》い職人《しょくにん》に負けずに、生き生きと90代という年齢《ねんれい》を生きていこう）


金本《かねもと》さんの心と体に力がみなぎってきました。

「メルシーボークー（ありがとう）」

手をさしのべて、かたい握手《あくしゅ》をします。

大きな勇気を得て、金本《かねもと》さんは試練がまつ東京《とうきょう》にもどりました。


夏本番。アスファルトからはゆらゆらと熱気がたちのぼり、東京《とうきょう》は連日暑い日が続きます。

7月の3連休の最終日。この日は土用《どよう》に入る直前の祝日で、野田岩《のだいわ》は大変ないそがしさになることが予想されました。

金本《かねもと》さんはいつもどおり朝4時におきて、調理場におりていきます。そして、いつものようにうなぎを裂《さ》きはじめました。用意されたうなぎの数は、ふだんより3

割増《わりま》し。たるが次々《つぎつぎ》に調理場に運びこまれてきます。なんとか調達したこれだけの量のうなぎを、すべて完璧《かんぺき》に仕上げられるか？　それは、金本《かねもと》さんの自分自身との戦いでした。

しかし、金本《かねもと》さんは平常心《へいじょうしん》でのぞみます。次々《つぎつぎ》にうなぎをさばきながら、合間にお弟子さんたちの仕事を細かく確認《かくにん》する金本《かねもと》さん。

「串《くし》が身の下のほうに入ってるな。見てろ。上のほうをたいらにすると打ちやすくなる」

「おお、うめえじゃねえか。どこも直さないよ。立派《りっぱ》だ」

ていねいに教えたりほめたりしながら、開店前の準備《じゅんび》を進めていきます。

お昼が近づきました。開店時間前からお客さんが並《なら》びはじめたので、10分早くお店をあけると、あっという間にお店は満席になり、次々《つぎつぎ》に調理場に注文が入りはじめました。調理場は一気に大いそがし。だれもがめまぐるしく動き回ります。

殺気立つ調理場で、金本《かねもと》さんは静かな声で、お弟子さんたち一人ひとりに、

「いまは焼きだけに集中したほうがいい」

「昼のことだけ考えろよ。いいか？　夜のことは考えなくていいからな」

「12時半になったら、うなぎを裂《さ》いておけよ。12時半だぞ」

と、いまするべき仕事と、次の準備《じゅんび》を指示《しじ》して回りました。お弟子さんたちは、金本《かねもと》さんの的確《てきかく》な指示《しじ》に「はい」とうなずき、落ち着きをとりもどしてそれぞれの仕事に集中します。

客席にはどんどんうなぎが運ばれていきます。

「おいしい」

絶品《ぜっぴん》のうなぎに顔をほころばせるお客さん。

しかし、炎天下《えんてんか》の店の外には長い行列ができていました。

「おまちが45名さまです」

どんなにいそがしくても、平常心《へいじょうしん》で仕事にのぞむ金本《かねもと》さん。

せん。焼《や》いていかなければ間に合いません。

と、報告《ほうこく》が入ります。次々《つぎつぎ》に焼いていかなければ間に合いません。

金本《かねもと》さんが炭火の前に立ちました。神経《しんけい》を目の前の火とうなぎに集中させます。どれほどいそがしくても、少しのこげ目もつけない最高の黄金色をめざして、真っ赤に燃《も》える炭火とぎりぎりの勝負をします。

火の前は50度を超《こ》える高温。その暑さの中で神経《しんけい》をとぎすませ、すべてのうなぎの最高の一瞬《いっしゅん》を見きわめていきます。

結局、お昼のお客さんの数は２００人になりました。金本《かねもと》さんの予想どおり、今年最多。夜も混雑《こんざつ》が予想されます。しかし、金本《かねもと》さんは落ち着いています。そして、夜の営業《えいぎょう》に備《そな》えて体を休めながら、ぽつりと言いました。

「若《わか》いときは、ただ無我夢中《むがむちゅう》でやっていた。でも、年をとったいまは、いろいろふりかえりながら、もっといいやり方があるんじゃないかと考えてやっている。そういうふうに思わなくなったら、職人《しょくにん》をやめるときなんだろうね」

そして、金本《かねもと》さんは、自分に職人《しょくにん》をやめるときがくるとは思っていないのでした。

夜。予想どおりお客さんがたくさん入り、お店は大にぎわいになりました。

しかし、調理場では緊急事態《きんきゅうじたい》が発生。

お客さんの人数が予想を超《こ》えたため、うなぎが足りないのです。必死のしこみを続けていましたが、追いつかず、このままではお客さんを長時間またせてしまいます。せっぱつまって顔色を変えるお弟子さん。

この状況《じょうきょう》に、金本《かねもと》さんが受話器をとり上げました。

電話をかけたのは、野田岩《のだいわ》の支店《してん》。余裕《よゆう》のある支店《してん》から、下準備《したじゅんび》のすんでいるうなぎを分けてもらうのです。なんとか10人前を分けてもらえることになりました。

「10本来るからな」

お弟子さんにそう伝えると、金本《かねもと》さん自ら、すぐにタクシーで支店《してん》に向かいます。

支店《してん》でうなぎを受け取ると、そのままとんぼ返りでお店へ。

そして、調理場で支店《してん》のうなぎを蒸《む》し直し、かたさをたしかめ、焼きに回します。

黄金色に焼き上がったうなぎをじっくりと確認《かくにん》し、納得《なっとく》すると、お客さんのところに運ばせました。

70年、大変なこと、苦しいことがたくさんありました。それでも、金本《かねもと》さんは、ひたすらにうなぎと向き合い続けてきました。

そして、さとったことがあります。

自分の仕事をつらぬく

うなぎが天然から養殖《ようしょく》になっても、世の中の環境《かんきょう》がどう変わっても、おいしいものをお客さんに食べてもらうために全力をつくすという、うなぎ職人《しょくにん》としての自分の仕事を大切にすること。それがいちばん重要なことでした。

変化をおそれず、でも妥協《だきょう》をゆるさず。誠実《せいじつ》に自分の仕事をつらぬくことの大切さを、金本《かねもと》さんは日々《ひび》実感しています。

その夜、最後のうなぎを焼き終え、大変な一日を全力で乗りきった金本《かねもと》さんは、何事もなかったかのように、いつもどおり包丁を研ぎはじめました。そこにお弟子さんが近づいていき、

「うなぎをとりに行っていただいて、ありがとうございました」

天職《てんしょく》は、生涯《しょうがい》をかけて全うせよ

金本兼次郎《かねもとかねじろう》

変化をおそれず、妥協《だきょう》をゆるさず、自分の仕事をつらぬいていく。

と、頭を下げます。

「間に合った？　よかったな」

からりとした江戸《えど》っ子《こ》の口調。一日中あわただしかった調理場には、気持ちのよい空気が流れていました。

そして、仕事の最後に、金本《かねもと》さんはお客さんのところに向かい、

「どうも、おまちどおさまでした。だいぶおまたせしまして、申《もう》し訳《わけ》ございません」

そうあいさつをして、その日の仕事をしめくくりました。

自宅《じたく》へ引き上げながら、金本《かねもと》さんはその日の仕事をふりかえります。

すべてのうなぎを最高の状態《じょうたい》に仕上げられたか？　自分の力をだしきったか？　お客さんに野田岩《のだいわ》の伝統《でんとう》の味を楽しんでもらえたか？　もっと喜んでもらえるくふうがあるか？　弟子たちは成長できたか？　気持ちよく仕事をさせられたか？

そして、その心はまた明日の仕事に向かっていきます。

「生涯《しょうがい》一職人《しょくにん》」。その志《こころざし》をつらぬくために、金本《かねもと》さんは、毎日最高の仕事をめざし、全力をつくすのです。

天職《てんしょく》は、生涯《しょうがい》をかけて全うせよ

金本《かねもと》兼《かね》次郎《じろう》

プロフェッショナルとは

何歳《なんさい》になっても、職人《しょくにん》として一流のプロは、
どこまでも追求心があると思う。
そして、愛される人がらにならなければ
いけないと思う。

第209回2014年5月19日放送

こんなところがプロフェッショナル！

70年以上この道を追求し続けているうなぎ職人《しょくにん》、金本兼次郎《かねもとかねじろう》さん。そのほかにもこんなところがすごいよ。

1日の仕事をふりかえり、日記をつける

金本《かねもと》さんは、すべての仕事が終わった夜に、1日の仕事をふりかえって日記をつけています。うなぎ職人《しょくにん》として70年以上たっている大ベテランの金本《かねもと》さんでも、その日の自分の仕事をふりかえり、今日はどうだったか、もっとできることはないかと、考え続けているのです。

こうと決めたらてこでも曲げない！

生粋《きっすい》の江戸《えど》っ子《こ》の金本《かねもと》さん。一度決めたら徹底《てってい》して守りぬきます。その徹底《てってい》ぶりは、歯みがきのしかたにも。上の歯が5分、下が5分。時計を見ながらきっちり10分かけてみがききります。

支店《してん》の視察《しさつ》でもトレーニング

毎週土曜日に支店《してん》を視察《しさつ》する金本さん。野田岩《のだいわ》の支店《してん》はデパートの8階ですが、金《かね》本《もと》さんは階段《かいだん》をつかい8階までのぼります。店での仕事は立ち作業。何時間も立ち続けることができるよう、足《あし》腰《こし》をきたえているのです。

「仕事」とは美を追求すること

金本《かねもと》さんは、「仕事とは美を追求すること」だと言います。うなぎを美しく焼き上げるだけでなく、下準備《したじゅんび》にも美を求めます。立ち姿《すがた》はキリっとしているか、 包丁の動きは流れるように美しいか。そして、その美を生みだすのは、全力で仕事に向き合う心構《こころがま》え。お客さんには見えない努力の積み重ねで、極上の料理を生みだします。

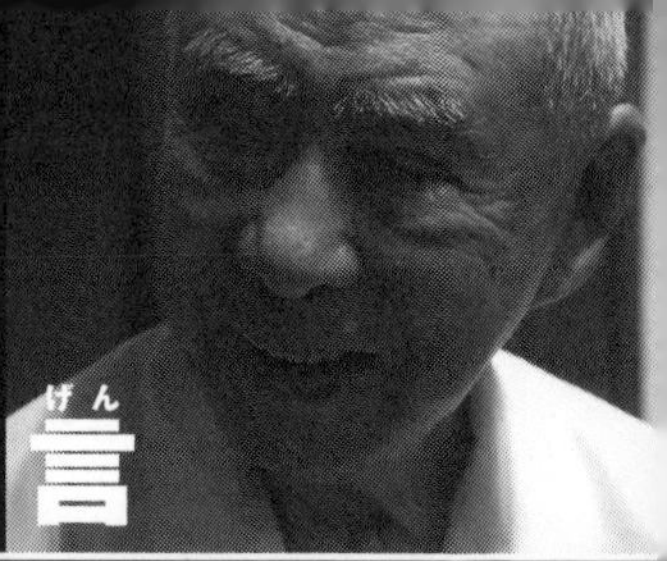

プロフェッショナルの格《かく》言《げん》

神業《かみわざ》のうなぎ職人《しょくにん》、金本兼次郎《かねもとかねじろう》さんのことばを心にきざもう。

毎日1回1回が勝負だから

金本《かねもと》さんは厨房《ちゅうぼう》に私情《しじょう》をいっさいもちこみません。自分にとっては何百匹《びき》のうちの1匹《ぴき》でも、お客さんにとっては唯一《ゆいいつ》のうなぎ。毎日1回1回が勝負です。どんなときでもすべてのうなぎに全力でのぞみます。

これでいいやって言ったら、もうそれでおしまい

「人間っていうのも〝これでいいや〟って言ったら、もうそれでおしまい。自分との格闘《かくとう》だ。それがやっぱり職人《しょくにん》だよ」と金本《かねもと》さん。職人《しょくにん》であるならば、どこまでも追求していかなきゃと語ります。

伝統《でんとう》はあぐらをかいてかかえているものではない

「伝統《でんとう》はあぐらをかいてかかえているものではない」と金本《かねもと》さん。「どんどん前へ向かって、さびちゃわないように、次の時代にあわせてその伝統《でんとう》を生かしていく方法を考えなきゃ」と語ります。

人生を込《こ》めて、そばを打つ

そば打ち職人《しょくにん》
高橋《たかはし》邦弘《くにひろ》

日本文化を代表する和食、そば。
ゆでた麺《めん》を、つゆや汁《しる》の味だけで食べるそばは、
シンプルなだけにごまかしのきかない料理だ。
そのそばを打って40年、神とよばれるそば打ち職人《しょくにん》がいる。
ひっそりと山奥《やまおく》にかまえた職人《しょくにん》の店に、
その絶品《ぜっぴん》のそばを味わうため、全国から客がやってくる。
あわい緑色に輝《かがや》く、見た目も美しい職人《しょくにん》のそばは、
香《かお》り、食感、のどごし、どこにも非《ひ》の打ちどころのない完璧《かんぺき》なそば。
しかし、職人《しょくにん》は立ち止まることなく進化し続ける。
極上のそばを生みだす職人《しょくにん》の技《わざ》とは、どのようなものか？
「生涯《しょうがい》そばを打ち続けたい――」。
彼《かれ》は、その夢《ゆめ》をかなえることができるのだろうか？

✴神業《かみわざ》とよばれるそば打ち

早朝のそば屋の調理場。

調理台におおいかぶさるようにして、脇目《わきめ》もふらずにそばを打つ人がいます。丸い背中《せなか》、丸い顔、そして大きな丸い目。坊主頭《ぼうずあたま》にタオルを巻《ま》いて、達磨《だるま》さんに似《に》た気むずかしそうな顔に汗《あせ》をにじませています。

高橋邦弘《たかはしくにひろ》さん。

「そば打ちの神様」ともよばれるそば職人《しょくにん》です。高橋《たかはし》さんの打つそばは、有名な料理人からも最高と絶賛《ぜっさん》され、その絶品《ぜっぴん》のそばを求めてお店はつねに満席。

そんなはなやかな人気とはうらはらに、大きな目でそば生地をにらむようにして、全身をつかってひたすらそばを打つ高橋《たかはし》さん。

調理台をはなれたときも、独特《どくとく》の前かがみの姿勢《しせい》です。これは長年そばを打ち続けているうちに、腰《こし》がそばを打つときの姿勢《しせい》のまま曲がってしまったもの。文字どおり生地に向き合ってそばを打っている姿《すがた》は、きびしい修行《しゅぎょう》をしているお坊《ぼう》さんの

集中してそばを打つ高橋《たかはし》さん。

ようで、近寄《ちかよ》りがたいほどの集中力です。でも、だれかに話しかけられたとたん、しかめた眉《まゆ》は開かれて、親しみやすい笑顔があらわれるのでした。

高橋《たかはし》さんのそばは、つややかな淡《あわ》い緑色。食べるとそば独特《どくとく》の上品な香《かお》りがたち、ほどよい歯ごたえがあります。そしてのどをとおっていくときの存在感《そんざいかん》がばつぐん。これぞそば、という醍醐味《だいごみ》を味わえるそばです。

味をささえているのは、高橋《たかはし》さんの材料に対する徹底《てってい》したこだわりです。

そばの実は、自分の足で産地を歩き回って探《さが》し、選びぬいた9種類をブレンドしています。それを皮むき機にかけ、ていねいに皮むきします。実を傷《きず》つけないように皮をむくことで、実の甘《あま》みのつまった部分をむだなく生かします。

機械で皮をむいたあと、さらに手作業でのこった皮をとりのぞきます。皮がそばの舌触《したざわ》りをざらつかせてしまうので、徹底《てってい》してとりのぞくのです。

こうしてきれいに黒い皮をのぞかれたそばの実は、うぐいすのようなやさしい緑色。これをひいて製粉《せいふん》すると、高橋《たかはし》さん独自《どくじ》の淡《あわ》い緑色に輝《かがや》く美しいそば粉ができ上がります。

もちろん、味の秘《ひ》けつは材料だけではありません。そば打ちにも、だれにもまねできない高橋《たかはし》さんの技《わざ》があります。

そばは、そば粉に水を加えて練ったものをうすくのばし、それを細く切って麺《めん》にしてつくります。シンプルでかんたんそうなつくり方ですが、おいしいそばを打つのはなみたいていのことではありません。

まず、高橋《たかはし》さんのそば打ちの特徴《とくちょう》は、生地をうすくのばす作業にあります。

そばの食感とのどごしの決め手となるのは、生地の厚《あつ》みです。

そば打ちの流れ

そば打ちは、そばの風味が逃《に》げないよう手早く作業する。

1
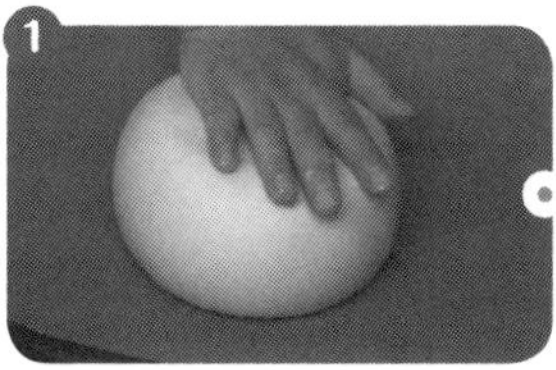

そば粉に水を加えてまぜ、こねてひとつにまとめる。

2
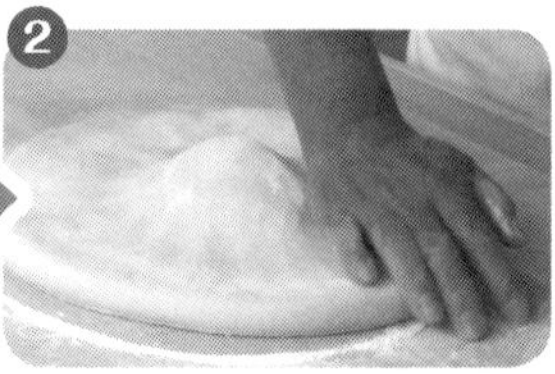

てのひらでひらたくし、麺棒《めんぼう》で手早くのばす（のし）。

3

生地が四角くなるよう、さらに麺棒《めんぼう》で手早くのばす（四つ出し）。

4

生地を折りたたんで重ねる

5

包丁で細く一定の幅《はば》に切る。

6

熱湯で湯がく。

7

水でしめる。

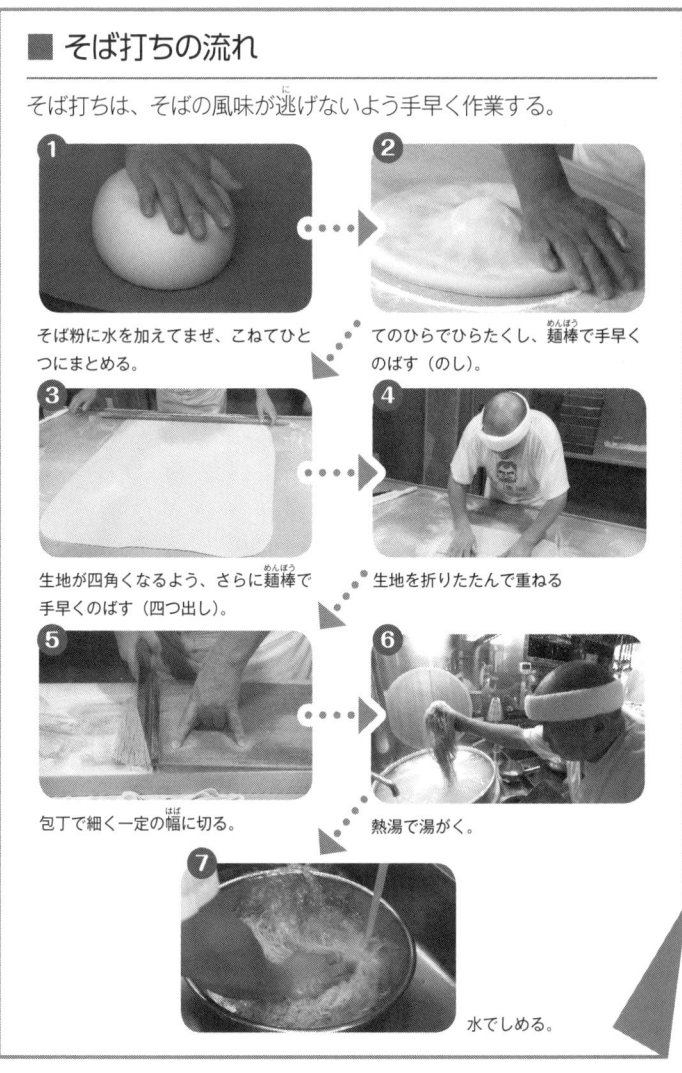

高橋《たかはし》さんが最高ののどごしと感じるそば生地の厚《あつ》さは、1.2ミリ。この厚《あつ》さになるよう生地をのばしていきます。

練ってかたくなったそば粉のかたまりを、麺棒《めんぼう》1本と腕《うで》の力だけで正確《せいかく》に1.2ミリの厚《あつ》さにのばすという作業は、それだけでもかんたんなことではありませんが、そのうえこの作業にはあまり時間をかけられません。もたもたしていると、生地が乾《かわ》いてそばの風味が逃《に》げていってしまい、食感もぼんやりしたものになってしまうのです。

そばの生地は、乾《かわ》かさないことが大切だと高橋《たかはし》さんは言います。そばのおいしさを左右するのは手早さ。スピードを追求する高橋《たかはし》さんが、一貫《いっかん》して心がけていることがあります。

むだをそぎ落とす

生地をのばすために麺棒《めんぼう》を転がすときも、高橋《たかはし》さんは少しでも早く仕上がるよう、むだをへらすくふうをします。

丸くのばした生地を四角に変形させる「四つ出し」という作業では、通常《つうじょう》、角ごとに１回ずつ、計４回、生地を麺棒《めんぼう》に巻《ま》きつけます。しかし、高橋《たかはし》さんはこれをたった２回で四角くしてしまいます。

生地の厚《あつ》みの確認《かくにん》も時間をかけません。生地を上から見たときに、その下にできるわずかな影《かげ》を見て厚《あつ》さを判断《はんだん》するという独自《どくじ》の方法で、厚《あつ》さ1.2ミリを見きわめています。

こうして限界《げんかい》まで作業を簡略化《かんりゃくか》し、そばが乾燥《かんそう》して風味がおとろえるのを防《ふせ》いでいるのです。

生地を1.2ミリの厚《あつ》さにのばして、きれいな四角にととのえると、12の層《そう》に折り重ね、いよいよ包丁を入れて細い麺《めん》にしていく段階《だんかい》。高橋《たかはし》さんがお弟子さんの名前をよぶと、お弟子さんは、高橋《たかはし》さんの前にすばやくまな板をセットします。

高橋《たかはし》さんは、作業と作業の合間もたつかないよう、流れるようなリズムのよい仕事を求めています。そのために、お弟子さんにも仕事のタイミングを逃《のが》さないよう声をかけ続けます。こうしたくふうはつきることがありません。そばをもっと新《しん》鮮《せん》なうちに、もっとおいしく食べてもらえるよう、仕事のしかたを進化させていきます。高橋《たかはし》さんは、自分のそば打ちが完成したと思ったことがなく、だからこそ、新しい可能性《かのうせい》を追う毎日の仕事をおもしろいと感じています。

高橋《たかはし》さんの包丁の音がひびきはじめました。

目を閉《と》じて聞いていると、まるで機械が動いているように正確《せいかく》な一定のリズムです。そして、そのリズミカルな高橋《たかはし》さんの包丁は、なんの目安もなしに約3センチの幅《はば》をきっちり23回きざみます。その感覚は、高橋《たかはし》さんの体にしっかり記憶《きおく》されているのです。そうしてきざまれたそばの幅《はば》はほとんど誤差《ごさ》がなく、みごとに1.2ミリでそろっています。生地の厚《あつ》さとちょうど同じで、麺《めん》の断面《だんめん》はきれいな正方形です。

生地をのばす作業から、包丁を入れ終わるまで、ふつう40分かかるといわれますが、高橋《たかはし》さんは、なんとその半分の20分で完了《かんりょう》させてしまいます。この圧倒的《あっとうてき》なスピードが、高橋《たかはし》さんのそばの格別《かくべつ》な風味を生みだしているのです。

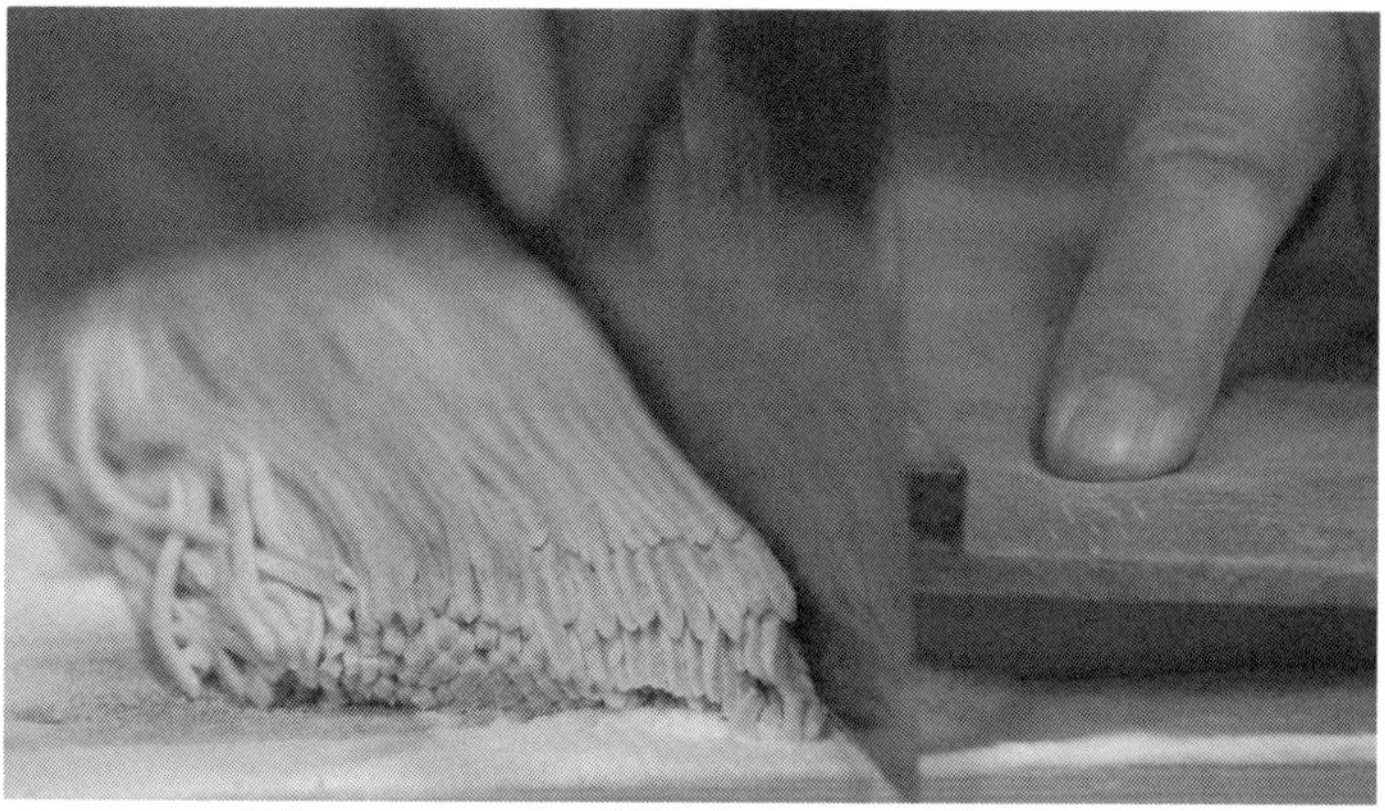

機械のように正確《せいかく》にそばをきざむ高橋《たかはし》さん。そばの断面《だんめん》は 1.2 ミリの正方形。

✳天職《てんしょく》を求めて

そばひと筋《すじ》の高橋《たかはし》さんの毎日ですが、ここにたどりつくまでの道は、真っすぐではありませんでした。

高橋《たかはし》さんが東京《とうきょう》の工業高校を卒業したのは、昭和39年。卒業後すぐつとめたのは空調設備《せつび》のメーカーでしたが、いきなりむずかしい現場《げんば》に配属《はいぞく》されたことから上司とけんかになり、会社をやめてしまいます。その後、数年のあいだにいくつか職場《しょくば》を変えますが、どの仕事にもやりがいを感じることができませんでした。

このままではいけないと、高橋《たかはし》さんは危機《きき》

感《かん》をもちました。これこそ自分の仕事だと信じられる仕事を、見つけなければいけないと考えます。

そんなある日、偶然《ぐうぜん》そば打ち教室の案内を目にした高橋《たかはし》さん、強く気持ちをひかれました。子どもの頃《ころ》からそばが大好きで、そば職人《しょくにん》になりたいと考えた時期もあったのです。親の反対であきらめましたが、あらためてそば職人《しょくにん》への夢《ゆめ》が頭をもたげました。

しかし、すぐには飛びつきません。なんども仕事を変えて、気がつけばもう27歳《さい》。仕事に対して真剣《しんけん》にならなければいけないと自分に言い聞かせます。本当にそば職人《しょくにん》になりたいか、1年間じっくり考えることにしました。

そして1年がたったとき、高橋《たかはし》さんは、やはりそば職人《しょくにん》になりたいという熱い気持ちをもっていたのです。28歳《さい》の高橋《たかはし》さんは、そばに人生をかけようと覚悟《かくご》を決めて、修業《しゅぎょう》をはじめました。

一流のそば職人《しょくにん》として名前を知られていた、片倉康雄《かたくらやすお》さんに弟子入りした高橋《たかはし》さん。ひたむきに修業《しゅぎょう》に打ちこみます。朝はだれよりも早くおきてしこみを終わらせ、

最高のそばを打ちたいと、かまえた東京《とうきょう》の店。

浮《う》かせた時間で生地をのばす経験《けいけん》を積みました。

そうした努力が実って、高橋《たかはし》さんはみるみる上達。わずか2年で、師匠《ししょう》の代わりにそば打ち教室で生徒を教えるほどの腕前《うでまえ》になり、3年で独立《どくりつ》、東京《とうきょう》に自分の店を開くことができました。

お店の評判《ひょうばん》は上々《じょうじょう》、そば職人《しょくにん》として申し分のないコースを歩む高橋《たかはし》さん。しかし、いつしか自分のそばに疑問《ぎもん》を感じるようになりました。

（これが本当に最高のそばだろうか？）

とくに気になっていたのが、製粉《せいふん》会社から仕入れていたそば粉です。同じ銘柄《めいがら》のそば粉を注文しても、納品《のうひん》されてくる季節や日によって、風味に大きな差がありました。一定の品質《ひんしつ》を保《たも》って欲《ほ》しいとなんどもたのみましたが、なかなか改良されません。これでは、いつでも同じようにおいしいそばをだすことができない、と高橋《たかはし》さんは悩《なや》んでいました。

そんなある日、常連《じょうれん》のお客さんからこんなことを言われます。

「一生に一度でいい。これぞそば、というそばを食べさせてくれ」

その人は、斉藤辰三《さいとうたつぞう》さんという大のそば好きで、若《わか》い高橋《たかはし》さんのそばをだれよりも高く評価《ひょうか》し、はげましてくれていたお客さんでした。

「これぞそば」というそばとは、どんなそばなのか？　高橋《たかはし》さんは考えこみます。つきつめていくと、悩《なや》みの種だったそば粉の問題とも向き合うことになりました。納得《なっとく》のいかないそば粉で、本物のそばができるだろうか……。

考えぬいた高橋《たかはし》さんは、ついに東京《とうきょう》の店を閉《し》めようと心を決めました。

自分が求める最高のそば、これぞそばという本物のそばをつくるには、そばについてもっと研究しなければならないと考えたのです。そのための環境《かんきょう》として、東京《とうきょう》

人生を込《こ》めて、そばを打つ

高橋邦弘《たかはしくにひろ》

店を山梨《やまなし》に移《うつ》し、自らそばを育ててそばを徹底的《てっていてき》に研究した。

という大都会ではなく、豊《ゆた》かな自然のある場所が必要でした。自分でそば畑をつくり、とことんそばと向き合い、本当に納得《なっとく》のできるそば粉ときれいな水で、最高のそばを打とう。そう決意しました。

高橋《たかはし》さんは、山梨《やまなし》県の山あいにお店を移《うつ》しました。そして店の近くに畑をつくり、そこでそばを育てて研究をはじめました。

種をまき、苗《なえ》を育て、実を収穫《しゅうかく》し、そばと向き合う高橋《たかはし》さん。深く学ぶほどわからないことがたくさんでてきました。

そばの実の中心と外側では、なぜ味がちがうのか？　どのようにひけばそばのねばりと甘《あま》みがでるのか？　高橋《たかはし》さんは一つひとつの問題に真剣《しんけん》に取り組み、自分なりのこたえをだしていきます。

研究の末、理想のそば粉のイメージができ上がりました。

高橋《たかはし》さんは、それを実現《じつげん》するためのそばの実を求めて、北海道《ほっかいどう》から東北《とうほく》まで、そば農家を訪《たず》ねて回ります。そして、実際《じっさい》にそばを打って見せながら、自分がどんなそば粉を求めているかを説明しました。

それでも、理想のそばはなかなか手に入りません。農家との信頼《しんらい》関係ができるまでは、売ってもらえなかったり、古いそば粉を買わされたり、くやしい思いもしました。しかし、高橋《たかはし》さんはあきらめずに農家を回り続けました。すると、少しずつ協力してくれる農家がでてきました。

山梨《やまなし》に移《うつ》って2年目の秋、高橋《たかはし》さんが求めていたすばらしいそばの実が、北海道《ほっかいどう》と茨城《いばらき》県から届《とど》きました。

ひいた粉をにぎってみると、淡《あわ》い緑色のそば粉が手にすいつくような、しっとりとした感触《かんしょく》。その粉をつかって、はじめて本当に納得《なっとく》のいくそばを打つことができたとき、高橋《たかはし》さんの心に自然な決意が生まれました。

このそばで、生きていく

理想のそばづくりの背中《せなか》をおしてくれた恩人《おんじん》、斉藤《さいとう》さんは、この報告《ほうこく》をだれよりも喜んでくれました。足が悪くなってしまっていた斉藤《さいとう》さんのために、高橋《たかはし》さんは斉藤《さいとう》さんの自宅《じたく》を訪《おとず》れ、そこでそばをふるまいます。斉藤《さいとう》さんは、

「十分おいしい。楽しませてもらったよ」

と言ってくれました。

このことばは高橋《たかはし》さんにとって、何よりもうれしく心強いものでした。高橋《たかはし》さんは、自分のそばが正しい方向に向かっているという自信をもちました。そして、この道をさらにきわめていこうと思ったのです。

空調メーカー、東京《とうきょう》での開業、山梨《やまなし》での理想のそばづくり。ふりかえればずいぶん遠回りをしました。でも、これでよかったのだ、と高橋《たかはし》さんは確信《かくしん》していました。

(回り道をして、いろんな経験《けいけん》をしたからこそ、いまの自分があるんだ。だから、回り道をしてよかった)

そうして山梨《やまなし》にお店を移《うつ》してから15年後。環境《かんきょう》を変えることをおそれず前に進み続ける高橋《たかはし》さんは、理想のそばをつくり上げた山梨《やまなし》の店を閉《し》め、再《ふた》び別の場所に移《うつ》ることを決めました。

山梨《やまなし》のお店では、行列をつくるお客さんのためにそばを打つことで、毎日が精《せい》いっぱい。自分のそばをたくさんのお客さんに食べてもらえることは幸せでしたが、体力的にはきびしい仕事の量です。少し仕事をへらさなければ、体をこわしてしまうかもしれないという不安がありました。そして高橋《たかはし》さんは、たくさんの人にそばを打つ楽しさを知ってもらうことや、自分のあとに続く職人《しょくにん》を教育すること、さらにおいしいそばの実を探《さが》すことなどにも、時間をとりたいと考えていたのです。

✳そばを伝える

高橋《たかはし》さんが選んだ移転先《いてんさき》は、広島《ひろしま》県の静かな山奥《やまおく》です。

そば打ちの重労働にたえる体を維持《いじ》するために、毎朝きびしいトレーニング。

広島《ひろしま》ではじめたお店の名は「達磨《だるま》」。営業《えいぎょう》は土曜、日曜、祝日のみ、メニューは盛《も》りそば1種類だけと決めました。お店を切《き》り盛《も》りするのは、高橋《たかはし》さんと奥《おく》さん、そして5人のお弟子さんの7人だけです。

営業日《えいぎょうび》は少なく、交通の便のよいところにもありませんでしたが、開店すると達磨《だるま》の名はすぐ全国に知れわたり、営業日《えいぎょうび》には行列ができるほどになりました。やはり、高橋《たかはし》さんの打つそばの味が特別だったからです。それでも山梨《やまなし》の頃《ころ》にくらべると、そば打ちの量もへり、体への負担《ふたん》もへっていきました。

仕事の量をへらしても、高橋《たかはし》さんのそばづくりへの意欲《いよく》は充実《じゅうじつ》していました。

おきてすぐに約1時間半、きびしいトレーニングをするのが日課になります。そば打ちは体力勝負の仕事。毎日のトレーニングは、その日もしっかりそばを打てる体かどうかを確認《かくにん》し、長く元気な体を維持《いじ》するためのものでした。

そばの味へのこだわりも少しも変わりません。鮮度《せんど》にこだわって打ちあげたそばを、お客さんの食べるタイミングにぴったり合うようにゆで、風味がそこなわれないうちに、すばやく客席に運ばせます。

山奥《やまおく》の店に、開店から1時間で行列ができ、高橋《たかはし》さんが開店前に打つ盛《も》りそば300枚《まい》分のそばは、いつもすぐなくなってしまいました。そうなると、高橋《たかはし》さんが追加のそばを打たなければなりません。

70歳《さい》を目前にした高橋《たかはし》さんの体に、たくさんの量のそば打ちはきびしい仕事です。しかし高橋《たかはし》さんは、店でだすそばをお弟子さんに打たせることはありません。最後のひとりのお客さんの分まで、必ず自分で打ち続けるのです。自分でそばを打つことへのこだわりについて、高橋《たかはし》さんはこう話します。

「それが、自分の責任《せきにん》だと思うからだよね。自分のそばを食べるためにきてくれて、まってくれるんだから、最後のひとりまで自分で打つ」

そうやって、腰《こし》が曲がってしまうほどひたすらにそばと向き合ってきた高橋《たかはし》さん。いちずな職人《しょくにん》の心意気から生まれる「神業《かみわざ》」のそば打ちは、広島《ひろしま》の地でも少しもゆらぐことはありませんでした。

＊＊＊

お店の営業《えいぎょう》時間を少なくした広島《ひろしま》で、高橋《たかはし》さんはお弟子さんの教育に力を入れます。山梨《やまなし》時代からのお弟子さんに加え、広島《ひろしま》で若《わか》いお弟子さんもとりました。山梨《やまなし》のお店ではお客さんのためにそばを打つのにいそがしく、お弟子さんとゆっくり話をする時間がなかなかとれなかった高橋《たかはし》さん。広島《ひろしま》では教育のための時間をつくることができるようになりました。

高橋《たかはし》さんのお弟子さんは、みな高橋《たかはし》さんのもとに住みこみで働いて、そばの修業《しゅぎょう》をしています。高橋《たかはし》さんは、そば打ちではお弟子さんたちをおこることはありません。しかし、生活のみだれはきびしく注意します。

時間を守れない。生活している部屋が散らかっている。電気をつけっぱなしにする。水道の蛇口《じゃぐち》をしっかり閉《し》めない……。

どれも、そばづくりと直接《ちょくせつ》関係がないことのように思えますが、高橋《たかはし》さんは、そういったことをしんぼう強く注意し続けました。高橋《たかはし》さんには、長年のそばづくりをとおして、信じていることがあったからです。

そばには、心があらわれる

そばは、ごまかしのきかないシンプルな料理です。つくり手の心のみだれや甘《あま》えは、そばの味にあらわれてしまいます。きちんとしたそばを打つためには、きちんとした心がまえや、きちんとした生活が必要です。それを教えることは、高橋《たかはし》さんにとって、とても大切なことでした。

高橋《たかはし》さんのもとで15年間修業《しゅぎょう》した弟子の田中邦男《たなかくにお》さんは、修業《しゅぎょう》時代に高橋《たかはし》さんにしばしば言われた、このことばが印象にのこっていると話します。

「漠然《ばくぜん》とやるなよ」

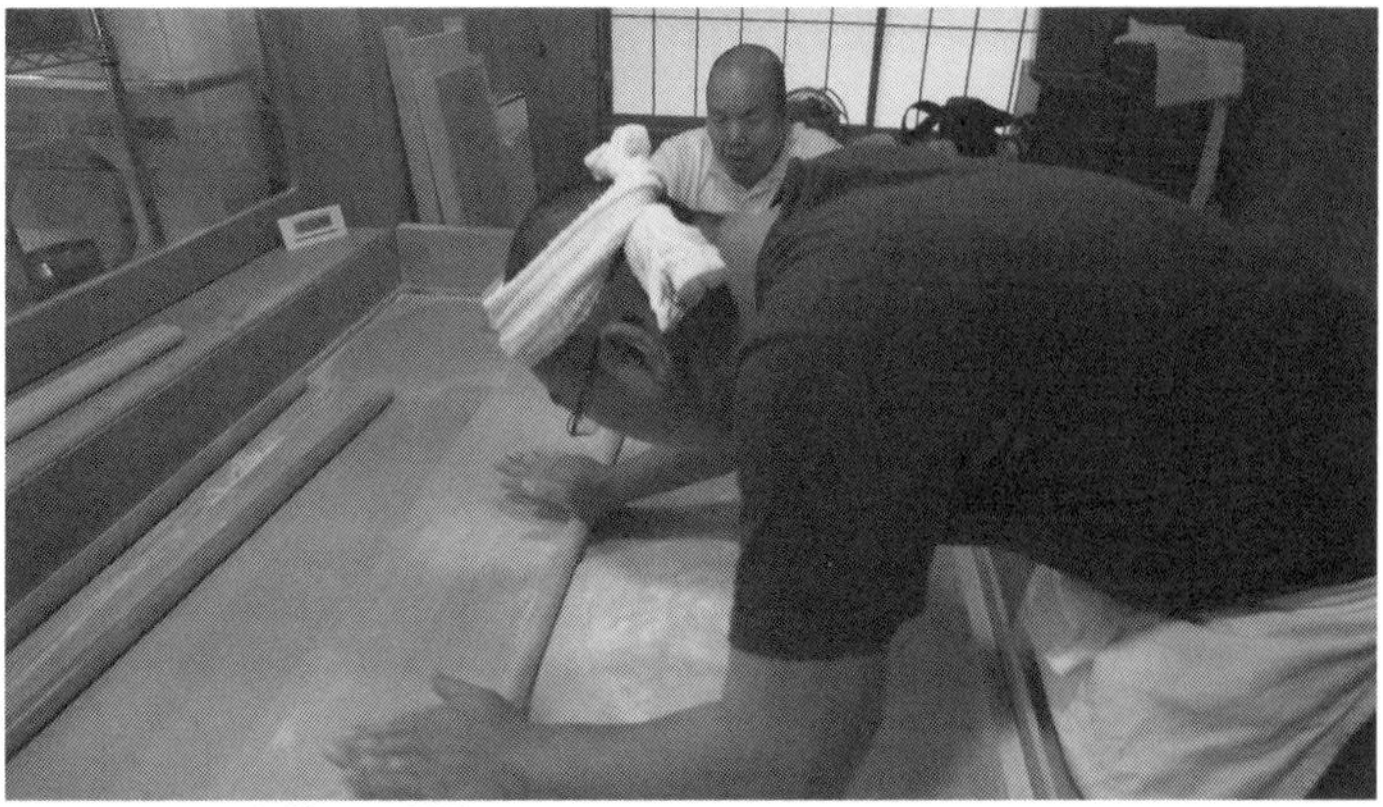

お弟子さんを指導《しどう》する高橋《たかはし》さん。

仕事はただすればいいというものではない、よく考えてしなさい、ということです。目の前にあることだけを見て仕事をするのではなく、全体を見て、いま何をするべきか考えることがだいじだ、ということです。

高橋《たかはし》さんにとってそばづくりは、頭、心、体、すべてをおしみなくつかってする仕事。その大切なことを、高橋《たかはし》さんは短いことばとひたすらに働く姿勢《しせい》を見せることで、お弟子さんたちに伝えていたのです。

＊　＊　＊

高橋《たかはし》さんは、達磨《だるま》のある広島《ひろしま》県北広島町《きたひろしまちょう》で、そば打ち教室も開いています。25年以上も続くこの教室は、高橋《たかはし》さんがこの町でお店を開くきっかけになった教室です。

北広島町《きたひろしまちょう》との関わりのはじめは、「若者《わかもの》がでて行ってしまう町をそばでもり上げたいので、そばづくりを教えて欲《ほ》しい」という町からの依頼《いらい》でした（当時の町名は豊平町《とよひらちょう》）。高橋《たかはし》さんは、その依頼《いらい》をひき受けることにしました。

町の職員《しょくいん》が高橋《たかはし》さんのお店に研修《けんしゅう》にきました。製粉《せいふん》にも取り組む本格的《ほんかくてき》なそばづくりの研修《けんしゅう》です。地元にかえってそばづくりの指導《しどう》ができるようにと、真剣《しんけん》にそばづくりを学んでいったのです。

地域《ちいき》おこしのためのそばづくりは全国各地でおこなわれていて、高橋《たかはし》さんもたくさんの地域《ちいき》で協力をしてきましたが、この豊平町《とよひらちょう》の取り組みは、とくにまじめで熱心でした。その姿勢《しせい》に心を動かされた高橋《たかはし》さんは、毎年この町を訪《おとず》れ、そば教室を開くようになります。

教室に参加するのは、プロになるための「そば修業《しゅぎょう》」をしにくる人ばかりではありません。会社を退職《たいしょく》した高齢者《こうれいしゃ》や、家でおいしいそばを楽しみたい人などさまざまです。高橋《たかはし》さんは、そういった一般《いっぱん》の人たちにそばを教えることに、喜びを感じるようになりました。

（こういう仕事はいいな。自分が師匠《ししょう》や先輩《せんぱい》たちから教わってきたそばづくりを、たくさんの人に伝え、楽しんでもらいたい）

そんな気持ちがじょじょに強くなっていき、ついに、高橋《たかはし》さんは広島《ひろしま》に移転《いてん》することにしたのです。

お店の営業《えいぎょう》のかたわら、教室で300人以上の生徒を教えました。町にはそば畑がたくさんでき、製粉所《せいふんじょ》やそば道場などの施設《しせつ》もできました。広島《ひろしま》でそばといえば豊平町《とよひらちょう》、といわれるほど、町にそばの文化が根づきました。

教室でそばづくりを教える高橋《たかはし》さんを、参加者のひとりはこう言います。

「おそばのすごい神様。神様だけど、親しい感じ」

教える高橋《たかはし》さんも笑顔。教わる人々《ひとびと》も笑顔。

広島《ひろしま》の山あいのそばの町で、高橋《たかはし》さんは充実《じゅうじつ》したときをすごしていました。

＊　＊　＊

お店の仕事を終えた夜、高橋《たかはし》さんがひとり、九州《きゅうしゅう》の地図に見入っていました。広島《ひろしま》にお店を開いてから約15年。高橋《たかはし》さんはまたお店の移転《いてん》を考えていました。理由は高橋《たかはし》さん自身の体力の低下。

山梨《やまなし》から広島《ひろしま》にお店を移《うつ》したときも、体力にあわせてお店の規模《きぼ》を小さくするという目的がありました。そして、70歳《さい》を目前にした高橋《たかはし》さんは、今後さらに体力が落ちていくことも考え、新たに、自分の体力にあった仕事をできる環境《かんきょう》をつくりたいと思っていたのです。

そば打ちは、腕《うで》と腰《こし》に大変な負担《ふたん》のかかる仕事です。広島《ひろしま》のお店は週末と祝日だけの営業《えいぎょう》でしたが、それでも高橋《たかはし》さんは、毎週末1日15個《こ》のそば玉を打っていました。若手《わかて》でも1日10個《こ》打つのはきびしいといわれるそば打ち。高橋《たかはし》さんの体にかかる負担《ふたん》は重く、限界《げんかい》が近づいていていました。

一生そばを打ちたい。その気持ちとはうらはらに、力やスピードは年齢《ねんれい》とともに落ちていきます。体に無理がかからないように仕事の量を調整して、そばを打つ気力をおとろえさせないことが必要だと、高橋《たかはし》さんは考えていました。

移転先《いてんさき》は大分県《おおいたけん》。海の見える小高い丘《おか》で、奥《おく》さんと弟子ひとりの3人でやる会員制予約の店です。大きなお店にするつもりはなく、3人でできる範囲《はんい》で、少人数のお客さんのためのこぢんまりしたそば屋を開こうと考えていました。大勢《おおぜい》のお客さんのためにたくさんのそばを打ついそがしい日々《ひび》は、あと1年あまり。しかし、その前に、高橋《たかはし》さんには、責任《せきにん》をもってしなければならない大きな仕事があったのです。

✴最後の大仕事

高橋《たかはし》さんが心に決めた大仕事は、全国を回るそば行脚《あんぎゃ》でした。

高橋《たかはし》さんのところには、毎年新そばの実がとれる8月下旬《げじゅん》に、新そばを打って欲《ほ》しいという依頼《いらい》が全国各地から届《とど》きます。

お店に来られない地域《ちいき》の人にもおいしいそばを食べてもらおうと、高橋《たかはし》さんはこの20年間、新そばの時期に各地でそばを打ってきました。

こうした行脚《あんぎゃ》は、できればこれからも続けたいと思っていましたが、大きな転機をむかえ、今後もこれまでのようにあちこちへ出かけられるかどうかはわかりません。高橋《たかはし》さんは、悔《く》いのないよう、楽しみにしてくれているお客さんに最高のそばを届《とど》けたいと思ったのです。

行脚《あんぎゃ》の最初の目的地は北海道《ほっかいどう》です。高橋《たかはし》さんは、広島《ひろしま》から青森《あおもり》まで1600キロを車で走り、青森《あおもり》からフェリーで北海道《ほっかいどう》にわたりました。

最初に腕《うで》をふるうのは、弟子屈町《てしかがちょう》のそば祭り。

弟子屈《てしかが》は、高橋《たかはし》さんのために、毎年最高のそばを育ててくれている町です。前掛《まえか》けのひもをきゅっとしめた高橋《たかはし》さん。感謝《かんしゃ》の気持ちをこめてそばを打ちはじめます。

しこみはお弟子さんの助けを借りますが、生地をのばすところからは、すべて高《たか》橋《はし》さんの作業。高橋《たかはし》さんのそばを楽しみに行列をつくる人たちに、妥協《だきょう》のないそばを打ちました。

打ったそばの量は、初日はそば玉42個《こ》。2日目は37個《こ》。そば玉1個《こ》で、盛《も》りそば20枚《まい》分なので、2日間で1580枚《まい》分のそばを打ったことになります。

人生を込《こ》めて、そばを打つ

高橋邦弘《たかはしくにひろ》

日本一のそばを食べようと、大勢《おおぜい》のお客さんが列をつくる。

弟子屈町《てしかがちょう》のそば祭りが終わると、休む間もなく３００キロはなれた北海道《ほっかいどう》の幌加内町《ほろかないちょう》に移動《いどう》。こんどは３日間で７万人が集まる、日本最大級のそば祭りに挑《いど》みます。

初日。朝４時半からしこみをはじめ、万全の準備《じゅんび》をしましたが、おし寄《よ》せるお客さんの数は想定以上。調理場は戦場のようないそがしさになりました。

「そばが足りません」

お弟子さんが報告《ほうこく》にきます。高橋《たかはし》さんはこの日、40個《こ》目のそば玉をのばしはじめました。

あわただしく時間に追われる中、どれほどつかれがたまっても、高橋《たかはし》さんはいっさい手をぬきません。そばは、はでな味つけもなく、ごまかしのきかないシンプルな料理。お客さんを魅了《みりょう》してきたのは、高橋《たかはし》さんの妥協《だきょう》のない技《わざ》から生まれる味です。高橋《たかはし》さんは生地だけを見つめ、その小さな世界を深く深く追究し、技《わざ》をみがいてきました。技《わざ》をつくしたそばをお客さんに届《とど》ける。

その信念はいつでもどんな状況《じょうきょう》でも変わりません。

そんな高橋《たかはし》さんのひたむきにそばを打つ姿《すがた》に、お客さんがうっとりと見入ります。究極のおいしいそばを生むその手際《てぎわ》と迫力《はくりょく》を、そばと同じように味わっているようでした。

最終日。調理台には栄養ドリンクのビンがおかれていますが、高橋《たかはし》さんは、

「よしっ」

と、つかれた体に気合いを入れて、そばを打ちはじめます。

とぎれることのないお客さんのために、次々《つぎつぎ》に新しいそば玉に向かいながら、高《たか》橋《はし》さんはつくづく考えました。

そばを打つことによって、たくさんの人と結ばれ、人生が広がりました。食べに

きてくれる人は、地位のある人もない人も、お金持ちもそうでない人もいろいろですが、高橋《たかはし》さんにとってはだれもが等しくお客さんです。一人ひとりとの縁《えん》が貴重《きちょう》なものでした。

いま、ここ北海道《ほっかいどう》でたくさんの人たちのためにそばを打っているのも、その縁《えん》のひとつ。そばが高橋《たかはし》さんの人生を豊《ゆた》かにしてくれました。

そばを打つために、生まれてきた

(自分は、そばを打つために生まれてきたんだな。それなら、やっぱりおいしいと言ってもらわなくちゃ)

打っても打っても、足りなくなるそば。高橋《たかはし》さんは力のかぎり打ち続けます。ついに大台の50個《こ》を打ちました。それでもまだそばは足りません。お客さんが高橋《たかはし》さんのそばを求めて並《なら》んでいるのです。51個《こ》目のそば玉を手にした高橋《たかはし》さん。体は限《げん》界《かい》のはずです。周囲の人は心配そうな顔をしています。

「打つんですか?」

とたずねられた高橋《たかはし》さんは、気負いなくこたえました。

「うん、そう。51個目《こ》をね」

そして、丸い顔をもっと丸くして笑います。

「これからですよ」

お客さんに「おいしい」と食べてもらうために、高橋《たかはし》さんはまたそばを打ちはじめました。

北海道《ほっかいどう》で合計5日間、48時間のそば打ち。高橋《たかはし》さんは、4080枚《まい》分のそばを少しの妥協《だきょう》もなく打ちきりました。

最後のそばを打ち終わった高橋《たかはし》さんは、一瞬《いっしゅん》、晴れやかな表情《ひょうじょう》になり、

「終わり！」

と言いましたが、すぐにまたいそがしく、次の場所に向かうための準備《じゅんび》をはじめました。頭の中には、高橋《たかはし》さんのそばをまつたくさんの人たちの顔が浮《う》かんでいます。

そばを打つために生まれてきた。

そう信じて、高橋《たかはし》さんは、そばを打つための人生を歩み続けます。

人生を込《こ》めて、そばを打つ

高橋邦弘《たかはしくにひろ》

プロフェッショナルとは

自分自身は、プロフェッショナルではないと思います。まだまだだと思うのがいいんじゃないでしょうか。
「完成した」と自分で思ったら、終わりだと思っています。

第216回2013年11月11日放送

こんなところがプロフェッショナル！

極上のそばを打つ、高橋邦弘《たかはしくにひろ》さん。
こんなところがすごいよ！

とことんこだわる原材料

全国９か所からそばの実を仕入れ、独自《どくじ》に製粉《せいふん》・ブレンドしたそば粉でそばを打つ高橋《たかはし》さん。原材料へのこだわりは、毎年産地を訪《たず》ね、畑を回って生産者に会い、その年のそばの実のできを確《たし》かめるという徹底《てってい》ぶりです。

生産者の意識《いしき》も変える

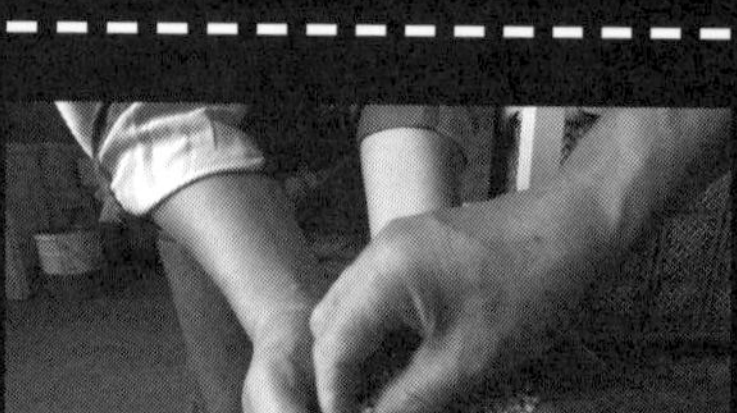

高橋《たかはし》さんから依頼《いらい》されてそばをつくっている農家の人は、高橋《たかはし》さんに会ってこれまでの常識《じょうしき》ががらっと変わったそうです。これまでは収穫量《しゅうかくりょう》の多さを気にしていたけれど、量ではなく中身（質《しつ》）が大切だと気づかされたと言います。

完璧《かんぺき》と思えるそばの、さらに上をめざす

独《ひと》り立ちした高橋《たかはし》さんの弟子は、「どんどん追いかけても、高橋《たかはし》さんのほうがスピードが速く、距《きょ》離《り》が開くいっぽうだ」と語ります。「追いぬかれたいね～」と言いつつ、「追いぬけるもんなら追いぬいてみろ」と高橋《たかはし》さん。まだまだ上をめざしているのです。

弟子をおこらない

自分もおこられるのはあんまり好きじゃないという高橋《たかはし》さん。そば打ち修業《しゅぎょう》をしている弟子をおこることはありません。おこられて気づくのではなく、自分で気がつくことがだいじだと思っているのです。

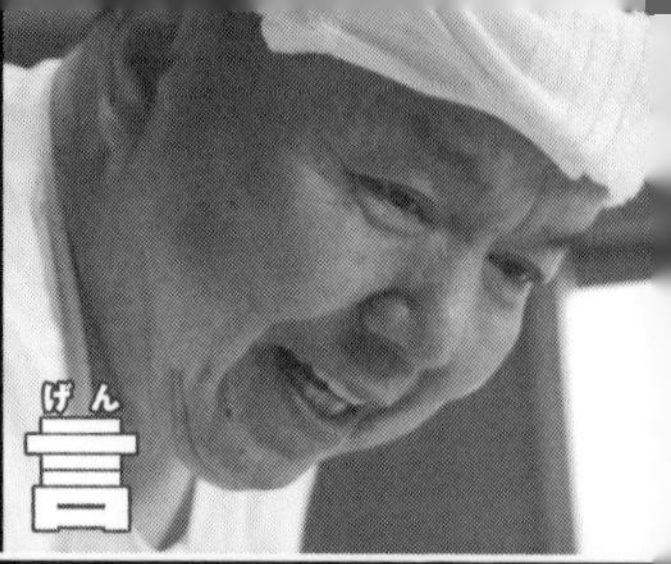

プロフェッショナルの格《かく》言《げん》

そば打ちの神様、高橋邦弘《たかはしくにひろ》さんのことばを心にきざもう。

そばには、心があらわれる

そばはシンプルゆえにごまかしがきかない料理。心身のみだれがすぐにあらわれます。高橋《たかはし》さんはそば打ちにかぎらず、何に対しても手をぬかず、きちんとした姿勢《しせい》で取り組む大切さをお弟子さんに伝えます。

そばを打つために生まれてきた

極上のそばを打つ高橋《たかはし》さん。それでも、もっとおいしくと、つねにそば打ちを進化させています。そばを打つために生まれてきたから「おいしい」と言ってもらいたい気持ちも人一倍強いんだと、語ります。

回り道してきてよかった

「いろんなことを経験《けいけん》したことによって、いまの自分がある。自分自身そういう自信があるから、結論《けつろん》としては回り道してよかった」高橋《たかはし》さんはこれまでの道のりをふりかえってそう語ります。

NHK
プロフェッショナル
仕事の流儀

■執　　筆　そらみつ企画
■編集協力　株式会社 NHK出版
■デザイン・レイアウト　有限会社チャダル
■協　　力　生瀬ヒュッテ、川崎重工業株式会社、新光時計店、
五代目野田岩 麻布飯倉本店、杵築達磨、みやじま達磨
■写真協力　五代目野田岩 麻布飯倉本店、PIXTA
■執筆協力　古川美奈（p6～44）
■校　　正　田川多美恵
■編　　集　株式会社アルバ
■カバーイラスト　usi

NHK プロフェッショナル 仕事の流儀 2
技をきわめるプロフェッショナル

発　行　2018年4月　第1刷

編　者　NHK「プロフェッショナル」制作班

発行者　長谷川 均
編　集　崎山貴弘
発行所　株式会社ポプラ社
〒160-8565　東京都新宿区大京町 22-1
振　替：00140-3-149271
電　話：03-3357-2212（営業）
03-3357-2635（編集）

ホームページ　www.poplar.co.jp
印刷・製本　中央精版印刷株式会社

N.D.C.916/191 P /20cm　ISBN 978-4-591-15758-9
Printed in Japan